이클립스와 함께 하는
프로그래밍 기초를 쌓는 자바

박사준 著

 21세기사

이 도서의 국립중앙도서관 출판예정도서목록(CIP)은 서지정보유통지원시스템 홈페이지(http://seoji.nl.go.kr)와 국가자료공동목록시스템 (http://www.nl.go.kr/kolisnet)에서 이용하실 수 있습니다.(CIP제어번호: CIP2016028807)

Preface

세상은 너무 빨리 변해간다.

하루 하루가 1년간이 변해가는 IT 세상에서 프로그래밍의 세상 또한 빨리 변해간다. 프로그래밍의 기본 개념과 원리는 대체로 그대로 이지만 프로그래밍 언어와 도구는 셀 수 없이 변화하고 새로 탄생하고 진화한다. 프로그래밍 언어를 배워야 하는 지 프로그래밍 작성 도구를 배워야 하는 지 뭐가 먼저인지 혼돈하기도 쉽다. 프로그래밍을 쉽게 해주는 도구가 너무 빨리 변경되는 것도 프로그래밍을 어렵게 만드는 환경 같다. 하지만, 그 기본 개념과 원리는 거의 비슷한 데 변화에 쉽게 적응하지 못하기 때문에 어렵게 느껴지는 것 같다.

이번에 자바를 쉽게 배울 수 있는 개발 환경인 이클립스을 이용한 자바 프로그래밍을 위한 내용으로 변경하였다. 자신의 게으름으로 이제야 변경하게 되었다. 쉬운 것 같으면서도 어려운 게 프로그래밍이라는 생각이 든다. 또한, 쉽게 개발을 도와주는 개발 툴도 쉬운 것 같으면서 사용이 어려운 것 같다. 많은 개발 도구가 존재하지만 자신이 많이 써보고 자신의 손에 익숙한 개발 툴을 사용하는 게 프로그래밍 생산성을 향상시키는 길인 것 같다.

프로그래밍을 잘하는 길에는 따로 길이 없는 것 같다. 게임처럼 자신이 재미있게 하다 보니까 시간 가는 줄 모르는 사이에 자신의 실력이 향상되는 것 같다. 즐기는 것만큼 자신에게 도움이 되는 것이 없는 것 같다. 자신있게 프로그래밍하기 까지는 많은 시간이 필요하다. 자동으로 프로그래밍이 완성되는 그 날까지 프로그래머는 프로그래밍해야 하고 전공자는 프로그래밍을 공부해야 한다.

JAVA 언어에 대한 시대의 요구는 점점 증가해가고 있는 추세이다. 인터넷 환경에서 능력을 발휘하던 언어는 이제 안드로이드 환경하에서 앱 프로그램으로 영역을 확장하여 그 중요도는 더 증가하였다. 안드로이드 프로그램을 위해서 JAVA 언어에 대한 기초를 확립하는 것은 JAVA 프로그래밍을 쉽게 할 뿐만 아니라 프로그래밍 자체에 대한 기초를 확립할 수 있다. 본서를 통해서 한 명이라도 개발 환경에 편리함을 도움 받아 프로그램의 기초를 다질 수 있다면 저자로서 느끼는 작은 기쁨이다.

끝으로 이 책이 출판될 수 있도록 적극적으로 후원해주신 도서출판 21세기사의 이범만 사장님과 직원 여러분에게 심심한 감사를 드립니다.

2016년 11월 저자 씀.

Contents

자바의 개요

1.1 자바의 탄생

1990년 썬 마이크로 시스템즈에서 제임스 고슬링(James Gosling)은 그린 프로젝트(Green Project)라고 불리는 비밀 프로젝트를 진행하고 있었다. 이 프로젝트의 목적은 가정용 가전 기기들을 (예를 들면 전자레인지, 냉장고, 텔레비전 등) 디지털 기술을 이용하여 네트워크로 연결 제어하는 것이었다. 여기서 가정용 가전 기기들은 프로세서를 장착하여 연산 능력을 갖추고 있는데 이러한 기기를 내장형 기기(Embedded System)라고 한다. 이러한 기기들의 특징은 CPU의 파워나 메모리가 적고 각 제조회사마다 서로 다른 CPU를 선택하여 개발을 한다는 것이다. 즉 이러한 시스템 환경 하에서 수행되는 소프트웨어는 크기가 작고 신뢰성이 있어야 하며 한 시스템에 종속되어서는 안 되는 것이 중요했다. 특히, 한 시스템에 종속되어서는 안 된다는 점이 중요한데 왜냐하면 기기 개발자들은 가격이 싸고 성능이 우수한 새로운 칩이 나오면 자주 칩을 교체하기 때문이다.

제임스 고슬링은 이러한 기기에서 동작하는 코드를 작성하기 위하여 초기에는 C/C++을 채택하였으나 다양한 하드웨어를 지원하는 분산 네트워크 시스템 개발에 부족하다는 점을 느끼게 되었다. 우선 C/C++ 언어로 작성된 코드는 특정 CPU칩에 맞추어서 컴파일이 되었기 때문에 새로운 칩이 나오면 새로이 컴파일을 해야 했다. 그리고 C/C++ 언어가 가진 복잡성은 신뢰성 있는 코드를 작성하는 것을 어렵게 하고 있었다.

결국 이러한 문제성을 느낀 고슬링은 1990년 가전 기기용 소프트웨어를 작성하기에 적합한 프로세서 독립적인 언어와 이의 실행환경을 개발하기 시작했다. 그리고 이 언어의 이름을 Oak라 붙였다. 하지만, Oak라는 이름을 가진 언어가 예전에 존재하였다는 것을 알고 이름을 Java로 바꾸게 되었다.

자바는 처음에는 가전 기기를 위한 소프트웨어를 제작하기 위해 만들어졌으나 그 분야에서는 성공을 거두지 못하였다. 그러던 중 1993년 월드 와이드 웹(World Wide Web)이 인터넷 서비스 부분에서 각광을 받기 시작하자 고슬링은 Java를 월드 와이드 웹에 적용하기로 결정한다. 서로 다른 종류의 컴퓨터로 연결된 인터넷에서 동작할 수 있기 위해서는 플랫폼에 독립적인 Java와 같은 언어가 이상적이었기 때문이다. 이 시기에 자바를 실행할 수 있는 웹 브라우저를 개발하게 된다. Java 기술을 적용한 이 웹 브라우저는 웹 러너(Web Runner)라는 이름으로 첫 선을 보였고 이후에 핫 자바(Hot Java)라는 이름으로 알려진다. Sun에서는 이 브라우저를 이용하여 Java의 Applet 형태의 프로그램을 시연했고, 이 시연을 통해 Java에 대한 커다란 관심을 불러일으키게 된다.

자바가 제시한 웹 문서 안의 프로그램이라는 새로운 기술은 프로그래머의 큰 관심을 끌었고 1995년 Netscape 2.0에서 Java를 지원하기로 결정된다. Java의 베타 1은 많은 업체들로 하여금 Java 기술을 라이센스 하도록 하였고 대부분의 운영체제에서 Java의 이식이 시작되었다. 1995년 12월에 Java 베타 2가 발표되고 썬사와 넷스케이프사에 의해 자바 스크립트(Java Script)가 발표 됐다. 12월 초에는 마이크로소프트와 IBM이 Java 기술을 라이센스할 뜻을 밝히고 1996년 1월 23일 드디어 Java 1.0이 첫 공식버전으로 선을 보이게 된다. 2010년 오라클이 선마이크로 시스템즈를 인수하므로 해서 Java 또한 오라클에서 관리하게 되었다.

🌱 1.2 자바 프로그램의 수행 방식

자바 프로그램은 컴퓨터 시스템이나 운영체제(OS)에 독립적이다. 보통의 프로그램의 경우는 OS에 종속적이다. 예를 들어서 우리는 어떤 프로그램을 설치하기 전에 이것이 윈도우용인지 혹은 리눅스용인지 따져서 자신의 환경에 맞는 프로그램을 구해서 설치한다. 이것은 운영체제마다 프로그램을 실행하는 방식이 다르기 때문이다. 하지만, 자바로 작성된 프로그램은 운영체제나 기계에 상관없이 동작할 수 있다. 이것을 "Write Once, Run Anywhere"라는 말로 표현한다. 자바 프로그램이 동일한 수행 환경을 제공해주는 자바 플랫폼상에서 수행되기 때문이다.

우선 일반 프로그램이 어떻게 수행되는 지를 알아보자. C 프로그램을 예로 들어 보겠다. 프로그래머가 C언어로 프로그램을 작성하면 이를 컴파일러를 통하여 자신의 기계에 맞는 기계어로 그리고 자신의 운영체제에 맞게 컴파일을 한다. 그리고 이 프로그램은 해당 운영체제에서 수행이 된다.

[그림 1.1] C 프로그램의 실행 상황

위의 경우는 프로그램이 기계나 운영체제에 종속적인 형태가 된다. 즉 다른 종류의 기계나 혹은 다른 종류의 운영체제에서는 수행이 되지 않는다는 의미이다. 이렇게 컴파일러는 해당 기계나 운영체제에 해당하는 코드를 생성한다.

자바는 이러한 형태를 취할 수는 없다. 왜냐하면 자바는 최초에 만들어진 목적이 전자 기기와 같이 많은 이기종의 환경에 적합한 소프트웨어를 작성하기 위해서였다. 그리고 이러한 특성이 인터넷이라는 이기종의 컴퓨터로 이루어진 환경에도 적합하게 맞아 떨어졌다. 그런데 자바로 작성된 프로그램이 한 기계나 한 운영체제에 종속된 코드를 생성한다면 어떻게 되겠는가? 그래서 자바는 컴파일러 방식을 채택하지 않고 인터프리터 방식을 채택하였다. 하지만 인터프리터 방식의 가장 큰 문제점은 수행 속도가 컴파일러 방식에 비하여 너무 떨어진다는 것이다. 그래서 자바에서는 컴파일러 방식과 인터프리터 방식을 같이 쓴다. 즉 자바 프로그램을 컴파일 시키면 자바 컴파일러는 기계어로 된 프로그램을 생성하는 것이 아니고 중간 코드 형태의 프로그램을 만든다. 이것은 기계어로 된 코드가 아니므로 바로 수행이 되지는 않는다. 이러한 중간코드를 바이트 코드(byte code)라 한다. 바이트 코드로 된 중간 코드 형태의 프로그램은 자바 인터프리터를 통하여 수행된다.

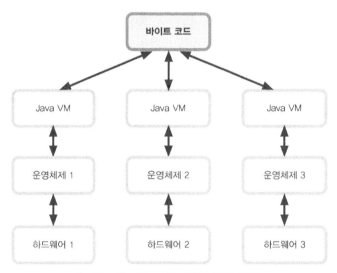

[그림 1.2] 자바 프로그램의 실행 상황

위의 그림에서는 자바 가상 머신 상에서 수행되는 것으로 나타나 있는데, 자바 가상 머신 내에는 자바 인터프리터가 있다. 자바 가상 머신은 자바 프로그램이 수행될 수 있도록 소프트웨어로 구성된 기계(컴퓨터)라고 생각하면 된다. 자바 프로그램을 작성하기 위해서는 자바 가상 머신과 함께 보통 라이브러리라 불리는 자바 API가 필요하다. 자바 가상 머신과 자바 API를 합해서 자바 플랫폼이라 한다. 위의 그림을 보자면 프로그래머가 자바로 프로그램을 작성한 후 자바 컴파일러로 컴파일을 한다. 그러면 중간 코드 형태의 컴파일된 프로그램이 생성된다. 이 코드를 자바 가상 머신에서 인터프리터가 해석하면서 실행한다. 이러한 방법을 통하여 자바는 전체적으로 인터프리터 언어보다 속도를 향상시키면서 언어 중립적인 프로그램을 작성할 수 있도록 해준다.

> /참/고/
> ### ! 컴파일러 vs 인터프리터
>
> 고급언어로 작성된 프로그램은 컴퓨터가 이해할 수 있도록 번역되어야 한다. 이러한 번역을 해주는 프로그램을 언어 번역 프로그램 혹은 언어 번역기라고 한다. 이러한 언어 번역기는 번역하는 방식에 따라서 컴파일 방식과 인터프리터 방식으로 나누어진다.
>
> 컴파일러 방식은 고급언어로 작성된 원시 프로그램을 한꺼번에 기계어로 번역한다. 즉 컴파일러는 고급언어로 작성된 원시 프로그램을 번역하여 기계어로 작성된 목적 프로그램을 생성한다.
>
>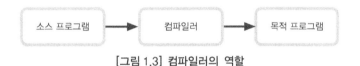
>
> [그림 1.3] 컴파일러의 역할
>
> 사용자는 목적 프로그램을 실행시켜서 자신이 원하는 작업을 수행할 수 있고 필요한 결과를 얻을 수 있다. 이러한 컴파일러는 원시 프로그램에 사용된 고급언어에 따라 FORTRAN 언어로 작성된 프로그램을 번역하는 컴파일러를 FORTRAN 컴파일러, COBOL 언어를 번역하는 것을 COBOL 컴파일러 등으로 구분된다.
>
> 인터프리터 방식은 원시 프로그램을 모두 번역한 후에 실행시키는 컴파일러 방식과는 달리 원시 프로그램의 한 문장을 읽고 그 문장을 기계어로 번역한 후에 바로 실행시킨다. 그리고는 그 다음 문장에 대해서도 같은 작업을 수행하며, 이러한 작업을 프로그램이 끝날 때까지 반복한다.
>
>
>
> [그림 1.4] 인터프리터의 역할
>
> 이와 같이 인터프리터는 생성된 기계어를 저장하지 않고 즉시 실행시킴으로써 컴파일러와는 다르게 목적 프로그램이 생성되지 않는다. 인터프리터 방식을 채택한 언어로는 BASIC, Perl 등이 있다. 컴파일러 방식은 원시 프로그램을 기계어 형태로 전환하여서 수행한다. 그러므로 속도가 빠르다. 그리고 컴파일러는 프로그램을 컴파일할 때만 메모리에 존재하면 된다. 프로그램이 수행 시에 컴파일러는 메모리에 존재하지 않아도 된다. 그러므로 자원(메모리)을 적게 사용할 수 있다. 하지만 프로그램의 오류를 찾아내기 힘들고 기계에 종속적인 코드가 생성되므로 다른 환경의 컴퓨터에서

는 수행이 되지 않는다는 단점이 있다. 이에 비하여 인터프리터 방식은 원시 프로그램을 읽어서 원시 프로그램을 한 줄씩 읽어서 수행시키므로 오류가 있는 부분을 찾아내기 쉬워서 오류를 수정하기 쉽다. 그리고 인터프리터가 설치된 기계에서는 어디든지 수행이 가능하므로 원시코드에 대한 이식성이 높다. 하지만 프로그램이 수행되기 위해서는 인터프리터도 항상 메모리에 존재해야 한다. 그리고 수행 때마다 매번 번역 작업이 필요하므로 수행 속도가 느리다는 단점이 있다.

1.3 자바 언어의 특징

① 간단(Simple) : 자바는 매우 간단하다. 자바를 설계할 때 첫 번째 목표는 프로그래머가 빨리 배울 수 있는 언어를 만드는 것이었고 두 번째 목표는 대중을 이루는 C/C++ 프로그래머가 쉽게 자바로 전환할 수 있도록 하는 것이었다. 이러한 목적을 이루기 위해 자바는 C++에 들어 있는 여러 가지 요소들 중에서 반드시 필요하지 않다고 생각된 부분들은 모두 빼 버렸다. 그래서 자바는 C++에 가깝지만 훨씬 간단하다.

② 객체 지향(Object-Oriented) : 객체 지향적이다. 객체지향 프로그래밍 기법은 프로그램의 모듈화, 재사용성, 의미적 명확성 등을 증대 시켜 프로그램의 생산성을 늘려주는 획기적인 방법이다. 자바는 설계 때부터 이러한 객체지향 프로그래밍을 잘 지원할 수 있도록 구성되었다.

③ 분산(Distributed) : 분산 환경을 지원한다. 자바는 네트워크 프로그램을 용이하게 작성할 수 있도록 설계되었다. 예를 들면, 자바는 java.net 패키지의 클래스들을 통하여 여러 단계에서의 네트워크 연결을 지원한다.

④ 인터프리터(Interpreted) : 인터프리터 언어이다. 자바는 정확하게 말하면 컴파일 언어인 동시에 인터프리터 언어이다. 자바 컴파일러는 기계어로 된 코드를 생성하는 것이 아니라 중간 코드 형태인 바이트 코드를 생성한다. 그런 후 자바 플랫폼에서 생성된 바이트코드를 인터프리트 하면서 실행한다. 여기에서 자바 바이트 코드는 시스템에 독립적인 성질을 띠고 있다.

⑤ 견고(Robust) : 견고하다. 이것은 자바가 C++과 마찬가지로 컴파일 때에 자료의 형 검사를 하여 에러를 막도록 한다. 자바는 포인터 개념에 있어 포인터 연산을 지원하지 않는다. 이는 잘못된 주소를 가리킬 가능성을 사전에 없앤 것이다. 자바는 모든 메모리 접근을 자바 시스템이 관리하고 제한하며 또한 예외 핸들링을 하여 시스템 붕괴의 우려가 없다. 예를 들면, 자바는 리소스 관리(garbage collection)를 하는데 사용이 끝난 리소스를 시스템이 메모리에서 삭제하는 방식을 채택하고 있어 메모리 누출에 대한 고

민을 프로그래머가 할 필요가 없다.

⑥ 안전(Secure) : 자바는 안전하다. 자바는 포인터 개념이 없고 데이터 형식 정의가 견고하여 실행 전에 클래스 파일을 이용한 프로그램의 검사가 가능하다. 그리고 네트워크를 통해 다운 받아 실행되는 클래스 파일의 경우 자바 플랫폼의 보안정책에 의해 로컬 디스크를 읽거나 쓰는 것을 제한함으로써 잘못된 파일의 삭제, 수정 등을 원천적으로 봉쇄하여 신뢰성을 높였다.

⑦ 기계 중립(Architecture Neutral) : 기계 중립적이다. 인터넷 환경에서 이기종 서버-클라이언트의 지원은 매우 중요한 문제이다. 자바는 웹을 기본 환경으로 하고 있기 때문에 처음부터 이 문제를 염두에 두고 만들어졌다. 자바의 실행 파일은 기계 중립적인 바이트 코드 파일이다. 이 바이트 코드 파일을 기계 종속적인 자바 플랫폼이 실행시키는 것이다. 따라서 자바 플랫폼이 설치된 시스템에서는 어디서나 자바 프로그램을 실행할 수 있다.

⑧ 이식성(Portable) : 이식성이 높다. 자바는 데이터 형식 정의를 시스템에 무관하게 정의하고 있다. 따라서 C++에서처럼 시스템에 따라 동일한 데이터 형식 정의(예를 들어 int)가 다르게 사용되는 경우가 없다. 또한 기계 중립적인 자바의 특성은 곧바로 자바의 높은 이식성을 말해 준다.

⑨ 고성능(High-Performance) : 높은 수행능력을 제공한다. 자바 설계자들은 모든 코드를 인터프리터를 통하여 수행하는 것이 아니고 빠른 수행이 필요한 코드인 경우는 JIT(Just In Time) 컴파일러를 도입 수행시점에 자바 바이트 코드를 기계어 코드로 번역 수행하는 방식을 취하여 성능을 높인다. 물론 이렇게 한다고 해도 자바는 인터프리터 방식으로 수행되므로 C/C++ 같은 컴파일 언어와 같은 빠르기를 가지기는 어렵다. 하지만 다른 인터프리터 방식의 언어보다는 훨씬 빠른 성능을 보인다.

⑩ 멀티스레드(Multithreaded) : 멀티스레드을 지원한다. 스레드는 하나의 프로세스내에서 독립적으로 실행되는 작은 실행 단위라고 할 수 있다. 멀티스레드를 지원할 경우 하나의 프로세스에서 여러 스레드를 동시에 수행할 수 있다. 보통 사용자 인터페이스 스레드와 장시간 계산이 필요한 스레드가 동시에 필요할 때 멀티스레드가 효과적이다. 특히 자바는 멀티프로세서 하드웨어를 지원하도록 설계되었으므로 멀티 CPU 시스템에서 높은 효율을 낼 수 있다.

⑪ 동적(Dynamic) : 동적이다. 자바를 이용하면 자바 프로그램에서 하나의 모듈을 갱신할 때 다른 모듈을 모두 갱신할 필요가 없다. 프로그램의 성능을 동적으로 확장 시킬 수 있다는 면에서 혁명적인 일이라고 평가된다.

1.4 자바 개발 환경의 구축

자바 프로그래밍을 하기 위해서는 자바 개발 환경을 구축해야 한다. 앞 절들에서 JDK라는 말을 썼었다. JDK란 Java Development Kit의 약자이다. 자바로 프로그래밍을 하려면 필요한 것이 많다. 우선 JVM, 자바 API, 그리고 Java 컴파일러, 디버거 등이 필요하다. 이러한 것을 모두 모아서 JDK라고 한다. JDK는 오라클(oracle.com)사의 홈페이지에서 다운로드할 수 있다.

먼저, JDK를 설치해보자.

java.sun.com에 접속해보면 아래와 같은 홈페이지를 볼 수 있을 것이다.

오라클 사이트에서 Downloads 메뉴를 선택하고 왼쪽의 Popular Downloads의 바로 아래에 있는 Java for Developers을 클릭한다.

Java for Developers를 선택하면 아래의 화면이 나타난다.

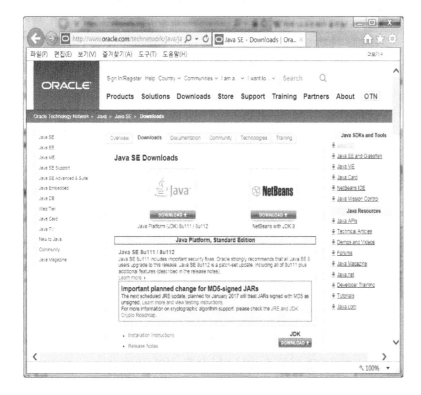

왼쪽 리스트에는 여러 종류의 자바군이 존재한다.

대규모의 기업 환경에서 비즈니스 로직을 지원할 서버 프로그램을 하려면 Java EE, 핸드폰이나 PDA와 같은 소형 기기를 위한 프로그래밍을 하려한다면 Java ME, 일반 데스크 탑 PC 환경하에서 일반 자바 어플리케이션이나 애플릿을 개발하려면 Java SE를 다운 받아야 한다.

중앙에 있는 Java 아이콘을 클릭하면 사용환경에 따른 JDK를 다운로드 받을 수 있는 화면이 아래와 같이 나타난다. 'Accept License Agreement'을 선택하고 자신의 OS을 클릭하면 된다. 대부분 윈도우즈 사용자는 자신의 운영체제의 비트를 확인하여 32비트인 경우에는 Windows x86를 64비트인 경우에는 Windows x64 화일을 클릭해서 다운로드한다.

다운로드 받은 파일을 실행시키면 다음과 같이 다운로드 창이 표시된다.

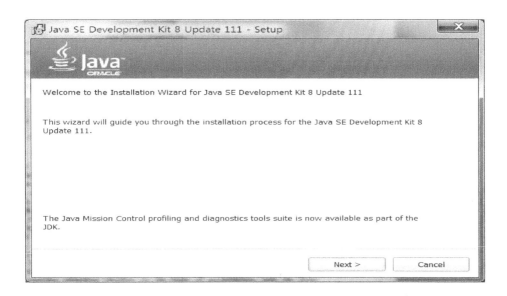

화면을 확인하고 Next 버튼을 클릭하여 진행한다. 다음 화면은 저장할 폴더를 지정하는 화면으로 폴더을 변경하지 않을 때는 디폴트 폴더를 사용하고 잘 기억해 둔다.

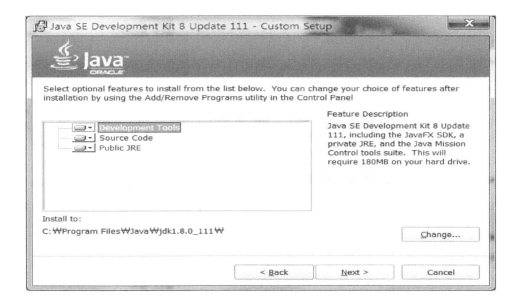

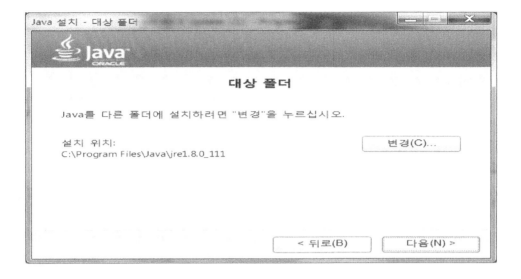

설치가 진행중인 화면이다.

설치가 완료되면 다음 화면이 나오고 close 버튼을 누르면 완료된다.

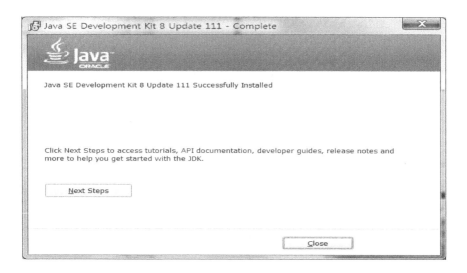

설치가 완료되면 설치 디렉토리로 가서 확인을 해보기 바란다. 이곳에 자바 도움말도 설치하도록 한다. 자바 도움말은 자바 API인 클래스 라이브러리에 대한 설명이 구축되어있다. 내용 자체가 광범위하게 잘 정리 되어있으므로 프로그램 개발 시에 없어서는 안 되는 요소이다. 다운 받은 후 자바가 설치된 디렉터리에 압축으로 묶인 파일을 풀어만 주면 된다.

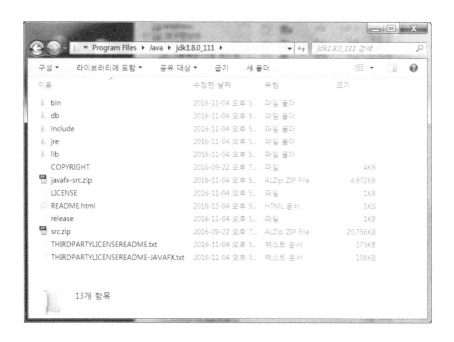

Windows에서는 쉽게 환경 변수를 잡을 수 있다. 윈도우의 시작 버튼에서 [설정] ▶ [제어판] ▶ [시스템]에서 [고급 시스템 설정] 탭 아래에 보면 환경 변수 버튼이 있다. 이 버튼을 누르면 환경변수를 편집할 수 있는 창이 나온다. 이곳에서 시스템 환경변수 중에 Path를 선택하여 자바 실행 환경이 있는 경로를 지정해 준다.

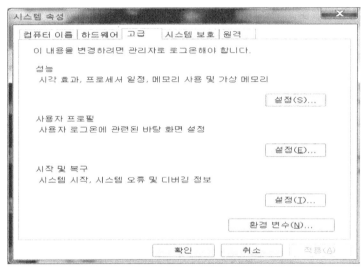

이제 자바 프로그램을 하기에 필요한 환경이 구축되었다. 이를 간단히 테스트 해보기 위해 도스창을 열고 프롬프트에서 'java -version'이라고 실행해보라. 아래와 같은 화면이 나오고 자신이 설치한 자바 버전과 일치하면 설치가 제대로 된 것이다. 만약 아래와 같은 화면이 나오지 않으면 다시 설치의 처음으로 돌아가 다시 설치하기 바란다.

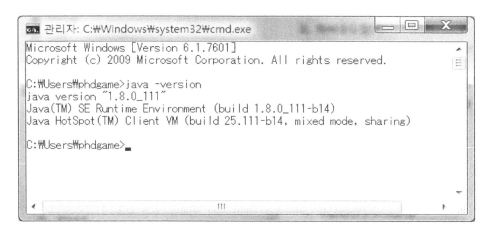

1.5 간단한 자바 프로그램 작성

이제 개발 환경이 구축되었으니 간단한 자바 프로그램을 작성해 보자. 간단히 자바 프로그램을 개발하는 단계를 설명하자면, 우선 자바 소스 코드를 작성한다. 그런 후 이를 자바 컴파일러인 javac.exe를 이용하여 컴파일을 한다. 컴파일의 결과는 .class의 확장자를 가진 바이트 코드 형식의 클래스 파일이 생성된다. 이를 실행시키기 위해서 자바 해석기인 java.exe를 실행시키면 프로그램의 수행 결과를 볼 수 있다.

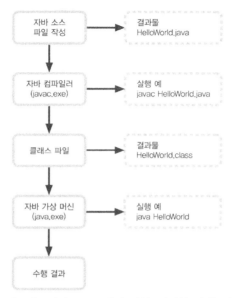

[그림 1.6] 자바 프로그램의 작성, 컴파일, 수행 단계

우선 소스 코드를 편집해야 하는데, 요즘은 많은 좋은 에디터가 나와 있다. 그들 중 자신이 잘 쓰는 것을 선택하면 된다. 여기서는 단순히 윈도우에 있는 메모장을 쓰도록 하겠다.

메모장에 아래 화면과 같이 작성한다.

```
public class HelloWorld{
        public static void main(String[] args){
                System.out.println("Hello World");
        }
}
```

코드의 입력이 끝났으면 화일명을 HelloWorld.java라고 저장한다.

이를 컴파일하고 수행을 시켜보자. 컴파일을 위해서는 일단 도스창을 띄운 후 위의 코드가 작성된 디렉토리로 옮겨간 후

javac HelloWorld.java

라고 수행한다. 컴파일이 성공적으로 수행되면 어떠한 에러 메시지도 없이 HelloWorld.class 라는 파일이 생성된다.

그리고 나면

java HelloWorld

로 클래스 파일을 수행하면 "Hello World" 라는 문자열이 출력되면 성공이다.

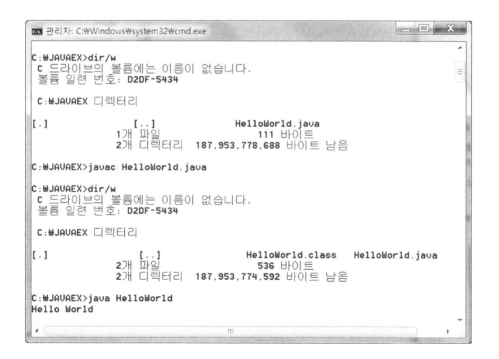

1.6 자바 프로그램의 구성요소

자바 프로그램은 여러 구성 요소로 이루어진다. 자바 프로그램에 사용된 구성 요소는 다음의 7가지로 분류가 가능하다.

① **공백** : 구성요소를 분리하는 역할을 한다(스페이스, 탭, 줄바꿈).

② **주석** : 프로그래머가 설명을 붙여놓은 부분으로 컴파일 되지는 않는다. 프로그램을 읽는 사람의 이해를 돕기 위해 작성된다(//, /*, */, /**, */).

③ **식별자** : 식별자는 상수, 변수, 메소드, 배열, 클래스 등의 이름으로 사용된다. 자바에서의 식별자는 만드는 규칙은 다음과 같다.
  ● 첫 문자는 반드시 영문자나 특수문자('_', '$')로 시작해야한다.
  ● 두 번째 문자부터는 영문자 또는 숫자를 포함해서 어떤 문자라도 사용할 수 있다.
  ● 대문자와 소문자는 구별되고, 예약어는 식별자로 사용될 수 없다.
  ● 식별자의 길이의 제한은 없다.
  ● **올바른 식별자** : Person, myName, design123, _TheSea, $dollar
  ● **잘못된 식별자** : 6Pence, int, !abc

④ **예약어** : 예약어는 자바 언어에서 그 기능과 용도가 지정되어있는 단어를 말한다. 예약어는 사용자가 임의로 다른 목적이나 의미로 바꾸어 사용할 수 없다. 즉 예약어는 사용자가 임의로 정의하는 변수 이름이나 배열 이름, 메소드 명칭으로 사용 할 수 없다. 다음은 자바의 예약어를 나열한 것이다.

abstract default goto null synchronized Boolean do if package this break double implements private threadsafe byte else import protected throw byvalue extends instanceof public transient case false int return true catch final interface short try char finally long static void class float native super while const for new switch

⑤ **리터럴** : 프로그램 안에서 수행 중에 값의 변화가 없는 것을 리터럴이라 한다. 자바에는 크게 정수, 실수, 문자와 문자열의 네 종류의 리터럴을 사용할 수 있다(1, 2, 2.32, 3.14, 'A', '김', "Hello World").

⑥ **분리자** : 식과 문장을 분리하는데 사용한다. 분리자로는 다음과 같은 것들이 있다( ) [ ] { } : ; , .).

⑦ **연산자** : 데이터 사이의 연산을 정의한다. 자바에서 제공하는 연산자는 다음과 같은 것들이 있다.

```
= 〉 〈 ! ~ ? : == 〈= 〉= != && || ++ -- + - * / & | ^ %  〈〈 〉〉 〉〉〉
  += -= *= /= &= |= ^= %= 〈〈= 〉〉=  〉〉〉=
```

모든 자바 프로그램은 위에서 나열한 각각의 구성 요소들로 이루어진다. 이들 대부분에 대해서는 앞으로 다루도록 할 것이다.

1.7 이클립스를 이용한 프로그래밍

메모장을 이용한 프로그래밍은 편집하기가 어렵기 때문에 쉽게 코팅할 수 있는 개발환경이 필요하다. 이를 위해서 자바 프로그래밍을 위한 개발 환경인 이클립스를 사용하여 프로그램을 개발한다.

1.7.1 이클립스 설치

이클립스를 설치하기 위해서 http://www.eclipse.org/downloads/ 사이트를 방문한다. Eclipse IDE for Java Developers를 찾아서 파일을 다운로드 받아 압축을 풀면 바로 사용할 수 있다.

1.7.2 이클립스 실행

이클립스 실행 파일을 클릭하면 다음과 같은 초기화면이 나타난다. 이클립스는 버전이 여러 가지 존재하는 데 여기서는 Juno 버전을 사용한다.

초기 화면이 진행되고 나면 아래와 같은 작업공간(workspace) 설정 화면이 나타난다. 작업공간 설정은 프로그램을 저장할 폴더를 찾아서 설정하면 된다.

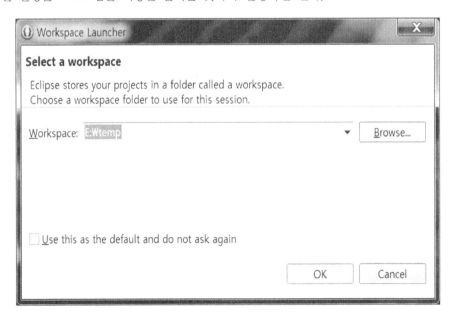

작업공간을 설정하고 나면 이클립스의 사용자 인터페이스 화면이 표시된다. 왼쪽은 프로
젝트 탐색기 영역이고 중앙은 소스 코드 편집기 영역이고 오른쪽은 소스코드 개략보기 영역
이며 아래쪽은 에러메세지 및 결과를 표시하는 영역이다.

프로젝트 생성

프로그램을 위해서 먼저, 프로젝트(project)를 생성하여야 한다. 메뉴에서 File-> New->
Java Project를 선택한다.

Java Project를 클릭하면 프로젝트 생성 화면이 나타난다. 생성화면에서 프로젝트명을 기술하고 사용할 JDK를 선택하고 Finish 버튼을 클릭하면 프로젝트가 생성된다.

프로젝트가 생성되고 나면 자바 프로그램을 작성할 수 있다. 자바 프로그램은 클래스로 구성되기 때문에 클래스 생성을 하여야 한다. 클래스 생성은 File-〉 New-〉 Class를 선택하면 다음 화면이 나타난다. Name 항목에 파일 이름을 입력한다. 자바 프로그램에서는 클래스명과 파일 이름이 같아야 한다. 그리고 public static void main(String[] args) 항목을 선택하고 Finish 버튼을 클릭한다.

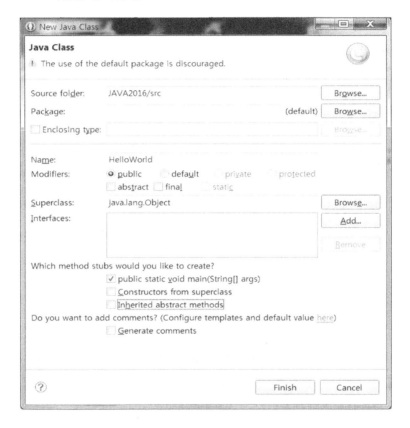

Finish 버튼을 클릭하면 아래의 화면이 나타난다. 왼쪽 탐색기에 default package가 생기고 아래에 HelloWorld.java 파일이 생겼다. 가운데 코드 생성 영역에는 디폴트 코드가 만들어졌다. 이제, 아래 화면과 같이 코드 영역에 System.out.println("Hello World"); 코드를 한 줄 삽입하기 바란다.

이제 녹색으로 둘러쌓인 화살표 아이콘을 클릭하거나 Run-> Run 메뉴를 선택하여 클래스를 실행하면 아래 화면과 같이 결과가 출력된다.

지금까지 이클립스를 사용한 자바 프로그램 작성과 실행, 결과까지 확인하였다. 앞으로 이클립스를 사용하여 코드를 작성하고 실행하도록 하자.

2.1 자료형

프로그램을 하기 위해서는 실세계의 많은 데이터 값을 컴퓨터에 저장하고 데이터를 가공한다. 실세계에 존재하는 데이터 값들은 예를 들면, 빛의 밝기, 몸무게, 국어 점수, 바둑의 급수, 현재 나의 위치 등이다. 이러한 값들은 여러 가지 방법으로 표시될 수 있으나 일반적인 방법은 수치화 하는 것이다.

실세계의 값들은 프로그램에서 표현할 수 있는 방법이 필요한데 데이터 형을 통하여 표현이 가능하다. 데이터들은 컴퓨터의 메모리에 저장이 되는데, 메모리상의 공간을 지칭하는 이름이 변수이다. 즉, 데이터 형을 이용하여 저장하려는 값의 형태를 결정하고 값을 저장하는 변수를 만들어낸다. 데이터 형은 데이터를 저장하는 변수를 만들기 위한 틀이라고 생각하면 된다.

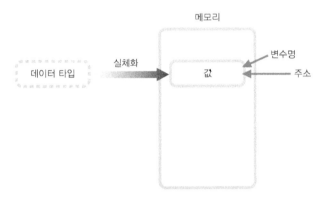

[그림 2.1] 데이터 타입과 변수

2.2 자바의 자료형

자바에서의 데이터 형은 두 개의 큰 계열이 존재한다. 첫 번째는 기본형이고 나머지 하나는 참조형이다.

기본형은 값형이라고도 한다. 자바에서의 기본형은 정수형, 실수형, 문자형, 논리형이 있다. 이외를 제외한 것은 모두 참조형이다. 기본형이냐 참조형이냐는 자료형에 값을 어떻게 접근하느냐에 따라서 나누어진다.

기본 자료형은 자료형이 저장하고 있는 값을 직접 접근하는 방법을 사용한다. 즉 컴퓨터의 메모리에 생성된 변수에 값을 직접 저장하고 또 그 값을 직접 가져오는 방법을 사용하는 것이다. 하지만 참조형의 경우는 저장되어 있는 값을 직접 접근하지 않고 간접적으로 접근하는 방법을 의미한다. 참조 자료형의 변수 값은 메모리상의 자료 자체의 값을 의미하지 않고 그 자료가 있는 위치를 의미한다.

[그림 2.2] 자바의 데이터 타입

자바에서의 기본형은 정수형, 실수형, 문자형 그리고 논리형으로 나누어진다.

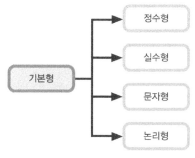

[그림 2.3] 자바의 기본형

2.2.1 정수형

실세계에서 가장 많이 사용하는 수치형은 정수형일 것이다. ⋯ −2, −1, 0, 1, 2, ⋯ 등의 값이다. 컴퓨터에서는 데이터를 메모리에 저장한다. 1 바이트는 256가지의 비트 패턴을 가질 수 있다. 이들은 2진수로 다루어지는데, 이들의 값을 정수화시키면 0 ~ 255의 값으로 나타내어질 수 있다.

자바에서는 이러한 정수 데이터를 저장하기 위해 4가지 형태의 데이터 타입이 존재한다. 그것은 byte, short, int, long 인데 이들 간의 차이는 메모리 확보에서 차이가 난다. 즉 byte는 1바이트, short는 2바이트, int는 4바이트, long은 8바이트이다. 이로 인하여 저장할 수 있는 값의 범위도 차이가 난다.

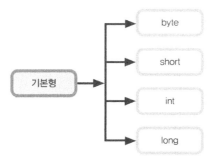

[그림 2.4] 정수형의 종류

[표 2.1] 정수 기본형의 종류와 크기 그리고 값의 범위

정수 타입	크기	값의 범위
byte	1 바이트	−128 ~ 127
short	2 바이트	−32768 ~ 32767
int	4 바이트	−2147483648 ~ 2147483647
long	8 바이트	−9223372036854775808 ~ 9223372036854775807

정수형 데이터 타입을 이용한 코드가 IntegerExam.java로 저장하였다.

```java
public class IntegerExam {
    public static void main(String[] args){
        byte byteVar = 25;
        short shortVar = 255;
        int intVar = 25555;
        long longVar = 2555555;

        System.out.println(byteVar);
        System.out.println(shortVar);
        System.out.println(intVar);
        System.out.println(longVar);
    }
}
```

```
Console ⌧
<terminated> IntegerExam [Java Application] C:\Program Files\Java\jre1.8.0_101\bin\javaw.exe (2016. 9. 14.
25
255
25555
2555555
```

위 프로그램은 데이터 형에 따라 크기가 결정되고 크기에 따라 저장되는 수치가 정해지므로 알맞은 정수형의 변수를 생성하고 값을 저장한 후 저장된 값을 출력하여야 한다.

2.2.2 실수형

실세계에서 실수형 값도 많이 사용한다. 3.14, -2.84, 0.001 등의 값이다. 실수를 저장하는 방식은 정수를 저장하는 방식과는 다르다.

… 256, 25.6, 2.56, 0.256, 0.0256 … 이를 가장 효율적으로 나타낼 수 있는 방법은 부호부, 지수부, 가수부로 나뉘어서 표현하는 방법이다. 다음과 같이 나타낼 수 있다.

```
256    → 2.56 * 10^2   → +2.56E2
25.6   → 2.56 * 10^1   → +2.56E1
2.56   → 2.56 * 10^0   → +2.56E0
```

```
0.256  → 2.56 * 10^-1  → +2.56E-1
0.0256 → 2.56 * 10^-2  → +2.56E-2
```

음수일 경우도 같은 방법으로 나타낼 수 있을 것이다.

$$-25.6 \rightarrow -2.56 * 10^1 \rightarrow -2.56E1$$

자바에서는 실수 데이터를 저장하기 위해 2가지 형태의 데이터 타입이 존재한다. float, double이다. float는 4바이트, double은 8바이트를 차지한다.

float형과 double형은 크기에 차이가 난다. 이로 인하여 저장할 수 있는 값의 범위도 차이가 난다. 자바에서는 이 값의 범위를 Float와 Double 래퍼 클래스에 정의되어있다. 이를 사용하면 실수에서의 최대값과 최소값을 알 수 있다.

[표 2.2] 실수 기본형의 종류와 크기 그리고 값의 범위

실수 타입	크기	표현 값의 범위
float	4 바이트	Float.MIN_VALUE ~ Float.MAX_VALUE
double	8 바이트	Double.MIN_VALUE ~ Double.MAX_VALUE

실수를 출력하고, 이의 최대값 최소값을 출력하는 프로그램을 작성해보자.

```java
public class RealValueExam{
    public static void main(String[] args){

        float floatVal = 3.14f;
        double doubleVal = 3.1415;

        System.out.println(floatVal);
        System.out.println(doubleVal);

        System.out.println(Float.MIN_VALUE);
        System.out.println(Float.MAX_VALUE);

        System.out.println(Double.MIN_VALUE);
        System.out.println(Double.MAX_VALUE);
    }
}
```

```
Console
<terminated> RealValueExam [Java Application] C:\Program Files\Java\jre1.8.0_101\bin\javaw.exe (2016. 9. 1
3.14
3.1415
1.4E-45
3.4028235E38
4.9E-324
1.7976931348623157E308
```

아무런 명시도 하지 않은 실수는 double 형으로 취급된다. 이를 float형으로 다루려면 숫자끝에 f를 붙여야한다.

2.2.3 문자형

컴퓨터를 이용하여 숫자만 다루는 것은 아니다. 문자도 저장하고 처리해야 하는데, 문자를 나타내는 수치코드를 이용하여 이 문제를 처리한다. 즉, 정수 값(특히 양의 정수)에 문자를 매핑시켜서 문자를 처리한다. 이렇게 정수 값과 문자를 매핑 시켜둔 표를 문자 코드 표라 한다. 문자 코드 표는 많은 종류가 있지만 ASCII 코드와 유니코드가 유명하다.

/참/고/
아스키코드와 유니코드

- **아스키코드** : 1950년 후반 미국 표준화 연합(ANSI의 전신)은 데이터의 저장과 교환에 사용하려고 새로운 코드 개발을 시작하였다. 새로운 코드는 26개의 소문자, 26개의 대문자, 10개의 숫자, 32개의 기호, 33개의 제어코드 및 공백 하나를 갖는 총 128개의 코드를 1967년에 완성하였는데 이것이 ASCII(American Standard Code for Information Interchange)이다. 128개의 문자를 나타내기 위해서는 7비트면 되기 때문에 아스키코드는 7비트코드 체계로 작성되었다.

- **유니코드** : 컴퓨터가 전 세계적으로 보급이 되고 다양한 나라가 서로 저마다의 문자 인코딩 방식을 사용함으로써, 자료 및 프로그램의 호환성 및 확장성에 문제가 야기되었다. 컴퓨터는 미국에서 개발이 되었고 그 구조가 영어를 바탕으로 정의되어 있기에 26개의 영문 알파벳과 숫자, 특수문자를 표현하기에는 1바이트로 충분하였다. 하지만 전 세계의 많은 나라 언어에서는 1바이트로 모든 문자의 표현이 불가능한 경우가 많다(중국의 한자를 생각해 보라). 결국, 이러한 문제는 인코딩에 사용하는 바이트 수를 늘림으로 인해서 해결할 수밖에는 없는 문제이다. 기본적으로 유니코드에서는 2바이트인 16비트를 사용하여 하나의 문자를 표현하고 있다. 2바이트를 사용할 경우 65536자를 나타낼 수 있다. 유니코드 2.0의 경우 총 65536 자의 코드 영역 중 38885자는 주요 국가의 언어 구현용으로 이미 할당돼있고 6400자는 사용자 정의 영역으로 20248자는 향후 새로 추가될 언어영역으로 각각 비워 두고 있다. 현재 할당 중인 주요 언어는 아스키코드, 그리스어, 라틴어, 시릴 문자, 히브리어, 타이어, 기호 문자, 함수 문자, 아랍어, 가나, 한글자모, CJK영역(중, 일, 한 공통 한자 영역), 표의 문자(한자), 한글 그리고 대용문자이다. 유니코드에 대한 자세한 내용은 유니코드 컨소시엄 공식 홈페이지(http://www.unicode.org)를 참조하기 바란다.

자바에서는 유니코드를 지원한다. 즉, 프로그램에서 문자상수를 쓰게 되면 이는 내부적으로 이에 해당하는 유니코드 값으로 변환되어진다.

문자 상수 값을 저장할 수 있게 데이터 형을 제공하는데 이는 char형이다. 유니코드를 지원하기 위해 char형은 2바이트이다. 그리고 정수적으로 볼 때는 0 ~ 65535를 저장할 수 있다.

```java
public class CharExam{
    public static void main(String[] args){

        char eng = 'A';
        char num = '1';
        char kor = '가';

        System.out.println(eng);
        System.out.println(num);
        System.out.println(kor);
    }
}
```

```
Console
<terminated> CharExam [Java Application] C:\Program Files\Java\jre1.8.0_101\bin\javaw.exe (2016. 9. 14. 오
A
1
가
```

자바에서는 유니코드를 사용하므로 기존의 ASCII 코드를 사용하던 언어와는 달리 영어 이외의 문자도 지원한다. 위의 예제에서 보듯이 한글도 하나의 문자로서 취급이 가능하다. 값의 범위는 '₩u0000' ~ '₩uffff'이다.

2.2.4 논리형

실세계에서 참과 거짓의 진리 값을 사용한다. 자바에서는 true와 false를 진리 값에 대한 상수로 정의해두었다.

진리 값을 저장할 수 있게 데이터 형을 제공하는데 boolean 형이다. boolean 형은 true나 false만을 저장하므로 실제로는 1bit의 공간만 있으면 되지만 자바에서는 boolean 형의 데이터를 저장하기 위해 1byte를 할애한다.

```java
public class BooleanExam{
    public static void main(String[] args){

        boolean trueVar = true;
        boolean falseVar = false;

        System.out.println(trueVar);
        System.out.println(falseVar);
    }
}
```

위의 예제는 boolean 형 변수를 선언하고 이에 논리값을 대입한 후 이를 출력하는 프로그램이다. 위 프로그램의 결과는 논리값이 바로 출력된다.

```
Console ☒
<terminated> BooleanExam [Java Application] C:\Program Files\Java\jre1.8.0_101\bin\javaw.exe (2016. 9. 14.
true
false
```

2.2.5. 참조형

자바에서는 위에서 설명한 기본형을 제외한 모든 타입은 참조형이다.

참조형은 자바에서 제공하거나 사용자에 의해 만들어진 자료형이다. 클래스와 인터페이스, 사용자 정의 클래스에 의한 객체가 참조형에 해당된다. 클래스나 인터페이스는 객체지향을 설명하는 장에서 언급하고 여기서는 String형을 이용하여 참조형을 설명한다.

String형은 문자열을 저장하고 처리하는 클래스다. String형은 기본형에 존재하지 않는다. 즉, 참조형이다. 참조형의 변수 값은 메모리상의 자료 자체의 값을 의미하지 않고 그 자료가 있는 위치를 의미한다. 기본형과는 달리 참조형에서는 값을 저장하는 대상체를 생성하고 이를 참조변수가 참조하는 형태를 띤다.

```java
public class ReferenceExam{
    public static void main(String[] args){
        String strMsg = new String("Hello World");
        int num = 3;

        System.out.println(num);
        System.out.println(strMsg);
    }
}
```

```
Console
<terminated> ReferenceExam [Java Application] C:\Program Files\Java\jre1.8.0_101\bin\javaw.exe (2016. 9. 14
3
Hello World
```

위 프로그램에서 기본형과 참조형을 사용하는 예제이다. int는 정수형이며 기본형이다. String은 참조형이다.

기본형과 참조형 사이에는 차이점을 프로그램에 대한 메모리 상황을 보면서 설명한다.

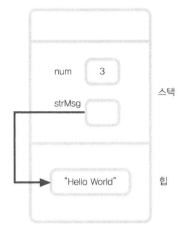

[그림 2.5] 기본형과 참조형의 메모리 상황

기본형 변수 num은 직접 그 자체에 값을 가지고 있다. 하지만 strMsg의 경우 자신이 직접 어떠한 값을 가진 것이 아니라 값을 가지고 있는 대상체에 대한 주소값을 가지고 있다. 이렇게 "대상체에 대한 주소값을 가지고 있다"는 것이 곧 참조를 하고 있다는 뜻이다.

데이터 형을 통하여 처리하고자 하는 데이터를 저장할 공간을 확보한다. 확보한 공간에 값을 저장하였으면 이를 조작하는 방법이 필요하다. 여러 가지 방법으로 저장된 값을 조작할 수 있으나 가장 간단한 방법은 연산자를 통하여 조작된다.

연산자

3.1 연산자

자바에서는 데이터를 조작하기 위해 많은 수의 연산자를 제공한다. 이번 장에서는 자바에서 제공하는 연산자에 대하여 알아본다. 자바에서 제공하는 연산자를 크게 분류해보자면 산술 연산자, 증감 연산자, 관계 연산자, 논리 연산자, 대입 연산자, 비트 연산자, 형 변환 연산자 등으로 나눌 수 있다.

3.2 산술 연산자

산술 연산자로는 덧셈(+), 뺄셈(−), 곱셈(*), 나눗셈(/) 그리고 나머지(%) 연산자가 있다. 연산자에 참여하는 피연산자의 형은 정해져 있다. 보통의 경우 산술 연산자에 참여하는 피연산자의 형은 수치형 즉, 정수형이나 실수형이다.

자바에서 byte, char, short형 등 int보다 작은 크기의 데이터형은 산술 계산을 할 경우 무조건 int 형으로 변환된다. 그러므로 계산 후 결과를 저장 받는 형과 일치하지 않을 수가 있으므로 주의해야 한다. 자바에서는 자료 형 검사를 강하게 하므로 자료 형을 일치시켜줄 필요가 있다.

```
ArithmathicExam.java ⊠
 1  public class ArithmathicExam{
 2      public static void main(String[] args){
 3          int firstNum = 3;
 4          int secondNum = 4;
 5          int resultNum = 0;
 6
 7          resultNum = firstNum + secondNum;
 8          System.out.println(resultNum);
 9
10          resultNum = firstNum - secondNum;
11          System.out.println(resultNum);
12
13          resultNum = firstNum * secondNum;
14          System.out.println(resultNum);
15
16          resultNum = firstNum / secondNum;
17          System.out.println(resultNum);
18
19          resultNum = firstNum % secondNum;
20          System.out.println(resultNum);
21      }
22  }
```

```
🖥 Console ⊠
<terminated> ArithmathicExam [Java Application] C:\Program Files\Java\jre1.8.0_101\bin\javaw.exe (2016. 9.
7
-1
12
0
3
```

위 예제에서 나눗셈의 경우 3/4의 결과값은 0이 된다. 이는 정수적인 나눗셈을 실행한 결과여서 그렇다. 실수적인 나눗셈을 실행하려면 피연산자 중 최소한 하나가 실수이어야 한다. 그리고 나머지연산의 경우 정수적인 연산에서만 가능하다.

```java
🗋 ArithmathicExam2.java ⊠
1  public class ArithmathicExam2{
2      public static void main(String[] args){
3          float firstNum = 12.23f;
4          float secondNum = 3.1f;
5          float resultNum = 0.0f;
6
7          resultNum = firstNum + secondNum;
8          System.out.println(resultNum);
9
10         resultNum = firstNum - secondNum;
11         System.out.println(resultNum);
12
13         resultNum = firstNum * secondNum;
14         System.out.println(resultNum);
15
16         resultNum = firstNum / secondNum;
17         System.out.println(resultNum);
18     }
19 }
```

```
🖥 Console ⊠
<terminated> ArithmathicExam2 [Java Application] C:\Program Files\Java\jre1.8.0_101\bin\javaw.exe (2016. 9.
15.33
9.129999
37.913
3.9451613
```

위의 예제는 실수적인 연산을 취하는 것을 보여준다. 조금 특이한 점으로는 실수 값을 변수에 저장할 때 12.23f, 3.1f 라는 식으로 대입했다. 이는 12.23이라고 하면 이를 double형으로 취급한다. 하지만 좌측의 형은 float형이므로 타입이 일치하지 않는다. 수치 값 뒤에 f를 붙여서 컴파일러에게 float형 실수임을 알려준다.

3.2.1 오버플로우(Overflow)

수치 연산 시에 주의해야 할 것 중에 하나는 오버플로우이다. 오버플로우란 저장하려는 공간보다 더 큰 수치 값을 저장하는 경우 발생한다. 자바에서는 실행 시점에 발생하는 오버플로우에 대해 별다른 에러를 발생시키지 않으므로 주의해야 한다.

```
OverflowExam.java
1 public class OverflowExam{
2     public static void main(String[] args){
3         byte num = 127;
4
5         num = (byte)(num + 1);
6         System.out.println(num);
7     }
8 }
9
```

```
Console
<terminated> OverflowExam [Java Application] C:\Program Files\Java\jre1.8.0_101\bin\javaw.exe (2016.
-128
```

byte형에 저장할 수 있는 가장 큰 값은 127이다. 이를 이진수로 표현하면 01111111 이될 것이다. 여기에 1을 더 증가시키면 어떻게 될까. 그러면 10000000이 된다. 이는 2의 보수적인 표현으로 -128이 된다. 그래서 예제의 결과가 127+1인 128이 아니라 -128이다.

저장하려는 공간보다 더 큰 수치의 값이 저장되었다. 이것이 오버플로우 현상이다. 이는 저장하려는 수치 값보다 큰 저장공간을 확보하여 문제를 피할 수 있다. 사람이 계산하는 방법과 다르다. 프로그램에서는 자료형이라는 개념에 의해 생기는 차이다.

그리고 산술 연산에서 주의할 것이 있는데 이는 정수 나눗셈에서 분모가 0일 경우 예외가 발생한다.

```java
DivideExceptionExam.java ⊠
 1  public class DivideExceptionExam{
 2      public static void main(String[] args){
 3          int firstNum = 3;
 4          int secondNum = 0;
 5          int resultNum = 0;
 6
 7          resultNum = firstNum / secondNum;
 8          System.out.println(resultNum);
 9      }
10  }
11
12
13
14
```

```
Console ⊠
<terminated> DivideExceptionExam [Java Application] C:\Program Files\Java\jre1.8.0_101\bin\javaw.exe
Exception in thread "main" java.lang.ArithmeticException: / by zero
        at DivideExceptionExam.main(DivideExceptionExam.java:7)
```

위의 프로그램을 컴파일하고 실행시켜보면 0으로 나눈 것에 대해 java.lang.Arithmatic-Exception 이 발생한다. 즉 정수나눗셈에서는 0으로 나누는 것은 예외를 발생시킨다.

하지만 실수 연산에 있어서는 예외가 아니라는 점을 주의해야 한다.

```java
DivideExceptionExam2.java ⊠
 1  public class DivideExceptionExam2{
 2      public static void main(String[] args){
 3          float firstNum = 3.0f;
 4          int secondNum = 0;
 5          float resultNum = 0.0f;
 6
 7          resultNum = firstNum/secondNum;
 8          System.out.println(resultNum);
 9      }
10  }
11
12
13
14
```

```
Console ⊠
<terminated> DivideExceptionExam2 [Java Application] C:\Program Files\Java\jre1.8.0_101\bin\javaw.exe
Infinity
```

firstNum 값이 3.0 이면 결과값은 Infinity가 되고 -3.0이면 -Infinity가 된다. 예외가 발생하지 않는 점을 주의하라.

3.3 증감 연산자

증가 연산이나 혹은 감소 연산 중에 가장 흔한 것이 1을 증가하거나 혹은 1을 감소시키는 것이다. 자바에서는 이러한 경우를 위해 증가 연산자(++)와 감소 연산자(--)를 가지고 있다.

증감 연산자는 피연산자의 앞이나 뒤에 붙어서 값을 1 증가 하거나 1 감소하는 역할을 한다. 증감연산자에서 주의해야 할 점은 이 연산자가 피연산자의 붙는 위치에 따라서 참여하는 수식의 값이 달라진다. 증감연산자의 피연산자는 반드시 변수여야 한다.

++i 혹은 --i 와 같이 피연산자 앞에 연산자가 붙은 것을 전치, i++ 혹은 i--와 같이 뒤에 연산자가 붙은 것을 후치라 한다.

증감 연산자가 전치냐 후치냐 하는 것은 단지 연산자의 위치에 따라서 정해지지만 중요한 것은 이들이 수식 안에 들어와 쓰일 때 나타나는 현상이 다르다. 증감 연산자가 전치로 쓰이면 우선 변수 자신의 값을 변화시키고 그 변화된 값을 가지고 수식에 참여한다. 하지만 후치로 쓰이면 피연산자는 자신의 값을 가지고 수식에 참여한 후 자신의 값을 변화시킨다.

```java
IncrementExam.java ☒
1  public class IncrementExam {
2      public static void main(String[] args){
3          int i = 1;
4          int j = 1;
5          int res = 0;
6
7          res = ++i + 2;    // 1. 증가 연산자를 선치로 사용
8          System.out.println("res = " + res);
9          System.out.println("i = " + i);
10
11         res = j++ + 2;    // 2. 증가 연산자를 후치로 사용
12         System.out.println("res = " + res);
13         System.out.println("j = " + j);
14     }
15 }
16
17
18
19
```

```
Console ☒                                                          ▣ 🗙 🗙 🔚 🔳 🗗🗗 🖉 🖵 ▼ 🗂 ▼ 🗖 🗖
<terminated> IncrementExam [Java Application] C:\Program Files\Java\jre1.8.0_101\bin\javaw.exe (2016.
res = 4
i = 2
res = 3
j = 2
```

위 예제에서 1.의 경우 i값은 1이었다. 하지만 증가 연산자가 전치로 쓰였으므로 자신의 값을 먼저 1증가 시켜서 2로 만든 후 이 값을 이용하여 수식에 참여한다. 그러므로 res의 값은 4가 된다.

2.의 경우 j값도 1이다. 하지만 증가 연산자가 후치로 쓰였으므로 일단 자신의 값을 이용하여 수식에 참여하여 결과값을 산출한다. 그러므로 res는 3이 된다. 그런 후 자신의 값을 1증가 시킨다. 그러므로 j값도 2가 된다.

3.4 관계 연산자

관계 연산자는 두 값의 대소나 등가를 비교하는 역할을 한다. 관계 연산자가 산출해내는 값은 true나 false의 논리값이다. 보통 조건문(if)이나 반복문(for, while)에서 조건을 검사하는데 많이 사용된다.

[표 3.1] 관계 연산자

관계 연산자	설 명
수식1 < 수식2	수식1의 값이 수식2의 값보다 작으면 true
수식1 <= 수식2	수식1의 값이 수식2의 값보다 같거나 작으면 true
수식1 > 수식2	수식1의 값이 수식2의 값보다 크면 true
수식1 >= 수식2	수식1의 값이 수식2의 값보다 같거나 크면 true
수식1 == 수식2	수식1의 값이 수식2의 값과 같으면 true
수식1 != 수식2	수식1의 값이 수식2의 값과 같지 않으면 true

```java
public class RelationExam {
    public static void main(String[] args) {

        boolean res = false;
        int a = 10;
        int b = 15;

        res = a < b;
        System.out.println(res);
        res = a == b;
        System.out.println(res);
        res = a >= b;
        System.out.println(res);
    }
}
```

```
🖳 Console ⋈                                    ▮ ✖ ✖ | ⬚ ⬚ ⬚ | 🖥 🖥 | ➡ 🖥 ▾ ➡ ▾ ▭ 🗗
<terminated> RelationExam [Java Application] C:₩Program Files₩Java₩jre1.8.0_101₩bin₩javaw.exe (2016. 9
true
false
false
```

🌱 3.5 논리 연산자

논리 연산자는 논리 연산인 AND, OR, NOT 연산자이다. 논리 연산에 참여하는 피연산자는 항상 true나 false의 논리값이어야 한다. 물론 산출되는 값도 true나 false의 논리값이다.

[표 3.2] 논리 연산자

논리 연산자	설명
수식1 && 수식2	수식1과 수식2가 모두 true이면 true 수식1이 false이면 수식2의 값을 계산하지 않음
수식1 || 수식2	수식1과 수식2가 둘 중 하나가 true이면 true 수식1이 true이면 수식2는 값을 계산하지 않음
!수식	수식의 값이 true면 false, false이면 true

논리 연산자는 단독으로 사용되기 보다는 다른 연산자 특히, 관계 연산자와 함께 사용된다. 성적 처리를 위한 프로그램을 작성한다고 해보자. 이런 경우 학점의 등급을 분류해야 할 필요성이 있다. 90점에서 100점 사이의 점수면 A, 80점에서 89점까지의 점수면 B, … 와 같이 산출한다면 우선 점수가 90에서 100점 사이의 값인지를 먼저 체크해 봐야 한다.

이클립스와 함께 하는 프로그래밍 기초를 쌓는 **JAVA**

이를 프로그램으로 작성해보면 아래와 같다.

```java
public class ScoreExam {
    public static void main(String[] args) {
        boolean res = false;
        int score = 92;

        res = (score >= 90) && (score <= 100);
        System.out.println(res);

        res = (score >= 80) && (score <= 89);
        System.out.println(res);

        res = (score >= 70) && (score <= 79);
        System.out.println(res);
    }
}
```

```
<terminated> ScoreExam [Java Application] C:\Program Files\Java\jre1.8.0_101\bin\javaw.exe (2016. 9. 1·
true
false
false
```

위의 프로그램을 수행시켜 보면 결과는 true, false, false가 나온다. 즉 점수가 90점에서 100점 사이의 범위에 존재한다. 이는 조건문이나 반복문에서 값의 조건을 체크하는데 많이 사용된다.

3.6 대입 연산자

수학에서 =은 두 가지 의미로 사용된다. 하나는 부등식에서 등가를 나타낼 때이고 나머지 하나는 방정식에서 값을 대입할 때이다. 자바에서는 등가와 대입에 대해서 서로 다른 기호로 구분해서 사용한다.

등가인지를 판단할 때는 ==을 사용한다.

값을 대입할 때는 =을 사용한다. 지금까지 변수에 값을 대입할 때 사용하여왔다. 대입연산자의 좌측에는 값을 저장할 수 있는 변수가 와야 하고, 우측에는 값이 오거나 혹은 값을 산출할 수 있는 수식이 와야 한다.

```
int res;

res = 3;    // 1.
3 = res;    // 2. error
```

위의 부분에서 보자면 1. 문장은 문제가 없으나 2. 문장은 에러를 발생시킨다. 왜냐하면 좌측에 값을 저장할 수 있는 변수가 온 것이 아니라 값 자체가 왔기 때문이다.

자바에서는 대입 연산자에 있어서 축약형도 허용한다. 즉 a = a + b; 와 같은 문장의 경우 좌변의 a와 우변의 a가 같이 쓰일 경우 a += b;같이 축약해서 쓸 수 있다. 이러한 축약 형태의 대입연산자는 +=, -=, *=, /=, %=, &=, |=, ^=, 〈〈 =, 〉〉=, 〉〉〉= 등이 있다. 이를 이용한 예제를 작성한다.

```
AssignmentExam.java ⊠
 1  public class AssignmentExam{
 2      public static void main(String[] args){
 3          int firstVar = 2;
 4          int secondVar = 3;
 5          int thirdVar = 3;
 6
 7          secondVar += firstVar;
 8          System.out.println(secondVar);
 9
10          thirdVar *= firstVar;
11          System.out.println(thirdVar);
12      }
13  }
14
```

3.7 삼항 연산자

피연자가 두 개인 삼항 연산자 ? : 는 다음과 같은 형식을 취한다.

변수 = 조건식 ? 연산식1 : 연산식2;

? 연산자는 조건식이 참이면 연산식1이 수행한 값이 변수에 대입되고, 거짓이면 연산식2
의 수행 값이 변수에 대입된다.

```java
public class TripleOperator{
    public static void main(String[] args) {
        int x = 92;
        int result = 0;

        result = ( x > 90) ? 2 + 3 : 2 + 1;
            System.out.println(result);
    }
}
```

```
Console

<terminated> TripleOperator [Java Application] C:\Program Files\Java\jre1.8.0_101\bin\javaw.exe (2016. 9. 14. 오후 1:37:3
5
```

위의 프로그램에서 x의 값은 92이고 이는 90보다 크다, 그러므로 조건식은 참이 되고
2+3의 결과값인 5가 result에 대입된다.

삼항 연산자는 이와 등가의 if-else형태의 조건문으로 변환이 가능하다. 위의 프로그램을 동등한 if-else 문으로 변환시키면 아래와 같이 된다. 조건문의 if 문을 참고하기 바란다.

```java
IfElseOperator.java
1  public class IfElseOperator{
2      public static void main(String[] args) {
3          int x = 92;
4          int res = 0;
5
6          if(x > 90){
7                  res = 2 + 3;
8          }else{
9                  res = 2 + 1;
10         }
11
12         System.out.println(res);
13     }
14 }
15
```

3.8 형 변환

자바는 형 검사를 엄격히 수행한다. 대입시 형이 다르면 에러가 된다. 연산식에서 연산자에 참여하는 피연산자의 형은 정해진 것만 가능하다. 호환성이 없는 대입은 행하지 못하며 메소드를 호출시의 인자는 반드시 메소드의 인자 리스트에서 정의된 데이터 형과 호환이 가능해야 한다. 프로그램을 컴파일할 때 컴파일러가 가능한 모든 형의 호환성을 검사한다. 엄격하게 형을 검사하는 이유는 안전한 프로그램을 제작하게 도와준다. 다음의 예는 데이터 형의 불일치로 인한 에러의 예이다.

```java
1  public class TypeCastError{
2      public static void main(String[] args){
3
4          int intVar = 10;
5          short shortVar = 0;
6          float floatVar = 3.14f;
7
8          shortVar = intVar;
9          System.out.println(shortVar);
10
11         floatVar = intVar;
12         System.out.println(floatVar);
13         intVar = floatVar;
14         System.out.println(intVar);
15     }
16 }
```

위의 프로그램을 보면 라인번호 앞에 빨간 X 표시가 보이는 데 이는 에러를 나타낸다. 첫 번째 에러는 shortVar의 타입이 short형인데, 우측에 int형의 변수가 존재하여 정확도적인 면에서 손실이 올 수 있다. 두 번째 에러는 intVar의 타입이 int형인데, 우측에 float형의 변수가 존재하여 정확도적인 면에서 손실이 올 수 있다. 하지만 위의 소스 코드를 보면 11라인의 int형 변수의 값을 float형 변수에 대입하는 것은 에러가 아니다. 왜냐하면 int형보다 float형 변수가 더 큰 값을 저장할 수 있기 때문이다.

다음은 또 다른 에러의 종류이다.

```java
1  public class TypeCastError1{
2      public static void main(String[] args){
3
4          boolean booleanVar = false;
5          int intVar = 0;
6          float floatVar = 0.0f;
7
8          intVar = booleanVar;
9          System.out.println(intVar);
10         booleanVar = floatVar;
11         System.out.println(booleanVar);
12     }
13 }
14
```

첫 번째 에러는 boolean형 변수에 int형 변수의 값을 넣으려 한 경우로 타입이 완전히 호환이 될 수 없어 에러다. 두 번째 에러는 float형 변수에 boolean형 변수의 값을 넣으려는

경우로 이 또한 타입이 완전히 호환이 될 수 없어 에러다

결국 에러가 생기는 경우는 첫째는 데이터 저장 장소의 크기가 달라 데이터의 손실이 있는 경우와 타입 자체가 호환이 될 수 없는 경우이다. 첫 번째 경우는 형변환을 통하여서 처리해줄 수 있다. 하지만 두 번째 경우는 변환이 되지 않는다.

자바에서는 두 종류의 형 변환이 있다. 첫째는 암묵적 형 변환이고 둘째는 명시적 형 변환이다. 형 변환은 기본형과 참조형 모두에서 발생한다.

3.8.1 암시적 형 변환

암시적 형 변환은 데이터의 정보나 특성을 잃어버리지 않고 요구되는 데이터 형으로 변환이 가능할 때 일어나며 프로그래머가 특별히 형 변환을 명시하지 않아도 컴파일러에 의해서 자동으로 이루어진다.

기본형에서 암시적 형 변환이 일어나는 경우는 표현 범위가 좁고 정확도가 낮은 데이터 형에서 표현 범위가 넓고 정확도가 높은 데이터 형으로 대입될 경우다. 예를 들면 char 형은 int를 사용할 수 있는 곳에 사용되어질 수 있다. float 형은 float 및 double이 사용되는 곳이면 사용 가능하다. 정수형의 실수형으로의 변환을 지원한다. 왜냐하면 실수의 범위가 정수형보다 크기 때문에 값을 손해 보는 일이 없기 때문이다. 그러나 반대의 경우는 지원하지 않는다.

데이터 형이 표현 범위가 좁고 정확도가 낮은 데이터 형에서 표현 범위가 넓고 정밀한 것으로 바뀌는 것을 광역화 형 변환이라고 한다. 즉, 암시적 형 변환은 광역화 형 변환이다. 다음 표는 암시적 변환이 가능한 자료형들에 대한 내용이다. 좌변 쪽의 데이터 타입의 변수는 우변 쪽의 데이터 타입의 변수로 대입이 가능하다.

[표 3.5] 데이터 타입과 광역화의 관계

데이터 타입	광역화된 데이터 타입
byte	short, int, long, float, double
short	int, long, float, double
char	int, long, float, double
int	long, float, double
long	float, double
float	double

```
ImpliciteCasting.java ⊠
  1  public class ImpliciteCasting{
  2      public static void main(String[] args){
  3
  4          byte byteVar = 1;
  5          short shortVar = 2;
  6          int intVar = 3;
  7          long longVar = 4;
  8          float floatVar = 0.0f;
  9
 10          intVar = byteVar;
 11          longVar = intVar;
 12          shortVar = byteVar;
 13          floatVar = intVar;
 14      }
 15  }
 16
```

위의 예제를 컴파일 해보면 어떠한 에러도 발생하지는 않는다. 물론 서로 다른 타입의 변수들이 서로 대입을 하고 있지만 데이터의 손실이 없이 다른 타입의 변수에 저장될 수 있으므로 에러는 발생하지 않는다. 이러한 경우 암묵적인 캐스팅이 혹은 광역화 캐스팅이 일어난 것이다. 조금 신기한 점은 마지막 수행문이 float형 변수에 int형 변수의 값을 대입하는 것이다. 둘 다 4바이트 크기이지만 float형이 int형보다 더 큰 수를 저장할 수 있으므로 이것 또한 가능하다.

3.8.2 명시적 형 변환

어떤 형이 암시적 형 변환에 의해서 다른 형에 쓰일 수 없을 때는 명시적으로 다른 형으로 변환이 되어야 한다. 즉, 명시적 형 변환은 데이터의 정보나 특성을 잃어버리지 않고 요구되는 데이터 형으로 변환이 가능하지 않을 때 프로그래머가 특별히 형 변환을 명시하여 형 변환이 일어나는 경우이다.

기본형에서 명시적 형 변환이 일어나야 하는 경우는 표현 범위가 넓고 정확도가 높은 데이터 형에서 표현 범위가 좁고 정확도가 낮은 데이터 형으로 바뀔 때이다. 이럴 경우에는 정보가 유실될 수 있기 때문에 명시적으로 형 변화를 해주지 않으면 컴파일러가 에러를 발생시킨다. 명시적 형 변환은 다음과 같은 문법을 사용한다.

(데이터형) 연산식 또는 값

이렇게 명시적인 형 변환은 협소화 형 변환이다. 즉 정보를 잃을 가능성이 있으므로 논리적으로 문제가 없을 경우나 혹은 프로그램에서 꼭 필요한 경우에만 주의해서 사용 한다.

명시적 형 변환에서 주의해야 할 사항이 몇 가지 있다. 첫째, 어떠한 경우는 명시적인 형 변환을 허용하지 않는다는 점이다. 예를 들면 boolean형은 int형으로 변환이 되지 않는다. 그러나 double 형은 선언적으로 형 변환하여 long에 대입될 수 있다.

```
boolean booleanValue = true;
int intValue = (int)booleanValue;       // 에러

double doubleValue = 3.14;
long longValue = (long)doubleValue;     // 가능
```

둘째, 실수가 다른 정수로 형 변환 될 때 소수 부분은 버려지고 정수 부분만으로 변환된다.

```
CastRound.java ⊠
1  public class CastRound{
2      public static void main(String[] args){
3
4          int intVal1 = 0;
5          int intVal2 = 0;
6
7          intVal1 = (int)3.14;        // intVal1에는 3이 들어간다.
8          intVal2 = (int)9.7;         // intVal2에는 4가 들어간다.
9
10         System.out.println(intVal1);
11         System.out.println(intVal2);
12     }
13 }
14
15
```

```
Console ⊠
<terminated> CastRound [Java Application] C:₩Program Files₩Java₩jre1.8.0_101₩bin₩javaw.exe (2016. 9. 1
3
9
```

셋째, 정수형은 상위 비트들을 없애버림으로써 변환된다. 만약 큰 정수형의 변수에 들어있 는 값이 작은 정수형의 변수가 포함하는 범위 내에 있으면 아무런 문제가 없으나, 만약 범위

이클립스와 함께 하는 프로그래밍 기초를 쌓는 JAVA

내에 있지 않으면 상위 비트를 없애는 것에 의해서 값이 달라지고 부호가 달라질 수도 있다. 다음 프로그램의 경우 결과가 무엇이 나오겠는가? 예측을 해보라.

```java
CastMissingValue.java ⊠
1  public class CastMissingValue{
2      public static void main(String[] args){
3
4          int intVal = 128;
5          byte byteVal = 0;
6
7          System.out.println(intVal);
8
9          byteVal = (byte)intVal;
10         System.out.println(byteVal);
11     }
12 }
13
```

```
Console ⊠
<terminated> CastMissingValue [Java Application] C:\Program Files\Java\jre1.8.0_101\bin\javaw.exe (20
128
-128
```

우선 intVal는 int형이므로 128을 충분히 저장하고 이를 표현하는데 전혀 이상이 없다. 그리고 intVal에는 00000000 00000000 00000000 10000000라는 형태로 값이 들어있을 것이다. 이 값을 byte형의 변수인 byteVal에 넣게 되면 하위 1바이트만이 byteVal에 들어 가게 되어 byteVal은 10000000 의 값을 가지게 된다. 이것은 byte 변수에서는 -128을 의 미하게 된다.

:: Chapter **4**

문장과 흐름 제어

4.1 문장의 종류

자바 프로그램은 문장으로 구성된다. 문장은 크게 선언문, 실행문, 주석문, 블록문으로 나눌 수 있다.

4.1.1 선언문

선언문은 변수가 어떤 형태로 나타나는 지를 컴파일러에게 알리는 역할을 하는 문장이다.

```
// 선언문의 예
    int i;
    float f;
    char c;
```

4.1.2 실행문

실행문은 자바에서 사용되는 키워드, 연산자, 변수, 상수, 식 등을 포함하는 하나의 완전한 명령이다. 명령은 컴퓨터에게 내리는 완전한 지시를 말한다. 프로그래머가 작성한 원시 프로그램을 컴파일러가 이해하려면 어떤 명령문이 언제 끝나고 다른 명령문이 어디서 시작하는지를 알 수 있어야 한다. 자바에서는 세미콜론(;)이 실행문의 끝을 알리는 종결자로 사용된다. 실행문의 끝에 세미콜론(;)을 절대로 빠뜨려서는 안된다.

다음의 실행문의 예이다.

```
j = j * i;
System.out.println("Hello World");
```

자바에서는 개행 문자가 문장의 끝을 나누는 기준이 아니라 세미콜론이 문장을 나누는 기준이다. 그러므로 한 줄에 여러 실행문이 와도 되고 한 실행문이 여러 줄에 걸쳐있어도 된다.

4.1.3 주석문

주석문은 프로그래머가 기록하는 일종의 메모로서 프로그램의 구역을 구분하거나 코드의 어떤 부분이 하는 역할을 설명하기 위해 사용된다. 컴파일러는 이 주석문을 무시하고 주석문이 아닌 것들만을 처리하기 때문에 주석문의 내용을 알지 못한다. 자바에는 세 가지 종류의 주석문이 제공된다.

- // : 라인 주석. 슬래시 두개(//) 다음에 오는 한 줄을 주석문으로 처리한다.

- /* */ : 블록 주석. /* 과 */ 사이의 오는 것을 주석으로 처리한다. 이 경우는 여러 줄을 주석문으로 처리하고 싶은 경우에 쓰인다.

- /** */ : javadoc.exe 유틸리티에서 도큐먼트 파일을 제작할 때 도큐먼트에 넣을 내용을 알리기 위해 사용하는 주석이다.

```java
CommentExam.java ⊠
1  public class CommentExam{
2         /* main 메소드 */
3    public static void main(String[] args){
4        System.out.println("Hello World!");  // Hello World 출력
5    }
6  }
7
```

4.1.4 블록문

여러 개의 선언문이나 실행문을 중괄호 { }를 사용하여 묶은 문자들의 집합을 블록문(혹은 복합문)이라 한다. 구문 상으로 하나의 실행문으로 취급한다. 메소드의 시작을 나타내는 {과 끝을 나타내는 }이 좋은 예이다. 이 밖에 제어문에서 여러 문장을 둘러싸고 있는 중괄호가 있다.

4.2 제어의 흐름

프로그램에 있어서 제어의 흐름이란 문장 실행의 처리순서를 정하는 것을 의미한다. 제어의 흐름은 크게 순차, 선택, 반복으로 나눈다. 프로그램의 실행 시 제어는 명시적인 흐름 변동이 없다면 한 문장에서 다음 문장으로 순차적으로 흐른다. 하지만, 많은 경우 흐름을 바꾸어 할 필요가 있는데 이러할 경우 프로그램의 처리순서를 관리하는 것을 흐름 제어라고 한다. 자바에서는 순차, 선택, 반복 흐름을 제공한다.

프로그램의 실행 시 기본적으로 한 문장에서 다음 문장으로 순차적으로 흐른다. 그러므로 순차에 대한 제어문은 따로 없다. 다음은 프로그램의 흐름이 순차적인 경우의 예이다.

```java
public class SequenceState{
    public static void main(String[] args){
        int first = 3;
        int second = 4;
        int result = 0;

        String strMsg = "3 * 4 = ";
        result = 3 * 4;
        System.out.println(strMsg + result);
    }
}
```

자바 프로그램은 main() 메소드가 시작점이 되어 한 문장씩 수행을 행하게 된다. 즉, 순차적으로 한 문장씩 수행이 된다. 위의 예를 보면, 프로그램은 한 문장씩 순차적으로 수행되어서 마지막 문장을 수행하고 나면 프로그램은 수행을 종료한다.

4.2.1 선택문

(1) if 문

선택문은 어느 조건에 따라 제어의 흐름이 바뀌는 경우이다. if와 switch가 존재한다. 이 중 가장 대표적인 것이 if문인데 이는 다음과 같은 형식을 취한다.

```
if(조건식)
   문장 1; // statement
[ else
   문장 2; // statement ]
```

if문은 조건식을 평가하여 true면 문장 1이 수행되고 false면 문장 2가 수행된다. 여기서 조건식이 false인 경우 실행할 내용이 없으면 생략이 가능하다.

나이를 체크하여 미성년자인지를 알아보는 프로그램에 대한 흐름도는 아래와 같을 것이다.

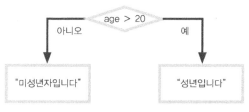

[그림 4.1] 선택 관계

이를 프로그램으로 바꾸면 아래와 같다.

```
AgeCheck.java
1  public class AgeCheck{
2      public static void main(String[] args){
3          int age = 27;
4
5          if(age > 20)
6                  System.out.println("당신은 성년자입니다.");
7          else
8                  System.out.println("당신은 미성년자 입니다.");
9      }
10 }
11
```

주의할 사항은 if문의 판단 부분은 반드시 조건식(true나 false의 결과값)이 와야 한다는 점과 if - else문이 영향을 미치는 범위는 자신이 가진 문장까지라는 점이다.

```
IfError1.java ☒
1  public class IfError1{
2      public static void main(String[] args){
3          int age = 0;
4
5          if(age + 5)
6                  System.out.println(age + 5);
7      }
8  }
9
```

위의 프로그램은 에러이다. 왜냐하면 if문에서 조건판단을 위한 조건식이 오지 않았기 때문이다.

```
IfStatement.java ☒
1  public class IfStatement{
2      public static void main(String[] args){
3          int age = 17;
4          int height = 177;
5
6          if(age > 20)
7                  System.out.println("당신은 성년입니다.");
8              System.out.println("성년식은 언제 하셨나요?"); // 1
9
10         if(height > 160)
11             System.out.println("키가 크시군요");
12             System.out.println("몸무게는 얼마인가요?");   // 2
13     }
14 }
15
```

```
Console ☒
<terminated> IfStatement [Java Application] C:\Program Files\Java\jre1.8.0_101\bin\javaw.exe (2016. 9. 14. 9
성년식은 언제 하셨나요?
키가 크시군요
몸무게는 얼마인가요?
```

위 프로그램을 보자면 age는 17이고 height는 177이다. 그러므로 첫 번째 if문의 조건식은 false가 되고 두 번째 if문의 조건식은 true가 된다. 하지만 결과에서 보듯이 1번 문장과

2번 문장은 if문의 조건에 영향을 받지 않고 항상 수행된다. 즉, if문의 영향을 받는 것은 바로 다음 문장까지라는 것이다. 하지만 대부분의 프로그래밍 언어에서와 같이 자바에서도 하나의 조건이 참이면 여러 개의 문장을 실행시켜야 하는 경우가 있다. 이러한 경우 복합문을 쓰면 된다. 복합문은 {와 }안에 둘러 쌓인 여러 개의 구문들의 리스트를 포함하는 문장이다. 여러 문장을 복합문의 형태로 묶게 되면 이를 하나의 문장처럼 취급하게 된다. 다음은 복합문을 사용하여 조건식에 따라 여러 문장이 실행되는 예를 들었다.

```java
public class AgeCheck1{
    public static void main(String[] agrs){

        int age = 17;

        if(age > 20){
            System.out.println("당신은 성년입니다.");
            System.out.println("성년식은 언제 하셨나요?");
        } else {
            System.out.println("당신은 미성년입니다.");
            System.out.println("성년식은 언제 하실건가요?");
        }
    }
}
```

위의 프로그램에서 if문과 else문에서 각각 복합문 형태로 된 문장을 가지고 있다. 즉 영향력은 해당 복합문에 미치게 되고 이 복합문은 여러 개의 문장으로 이루어져 있으므로 조건에 따라서 여러 개의 문장이 수행되는 것이 가능하다. 다음과 같이 프로그램을 작성하면 어떻게 될까 ?

```java
public class AgeCheck2{
    public static void main(String[] agrs){

        int age = 17;

        if(age > 20)
            System.out.println("당신은 성년입니다.");        // 1
        System.out.println("성년식은 언제 하셨나요?");   // 2
        else
        System.out.println("당신은 미성년입니다.");
        System.out.println("성년식은 언제 하실건가요?");
    }
}
```

위의 프로그램은 에러를 유발시킨다. 왜냐하면 if문의 영향을 받는 것은 1번 문장까지이다. 2번 문장이 나오고 난 후 갑자기 else가 나왔다. 그러므로 이 else는 어느 if에 해당하는 지를 알지 못하므로 에러이다.

if - else 문의 형식은 다음과 같았다.

```
if(조건식)
  문장 1; // statement
[ else
  문장 2; // statement ]
```

if - else 문도 문장이다. 즉 if - else문의 문장부분에 if - else문이 올 수도 있다. 이러한 형태를 중첩된 if문이라고 한다. 성적을 처리하는 경우를 생각해보자. 점수가 90점 이상이면 A, 80점 이상 90점 미만이면 B, 70점 이상 80점 미만이면 C, 60점 이상 70점 이하이면 D, 60점 미만이면 F라고 할 때 이를 순서도로 나타내면 아래와 같다.

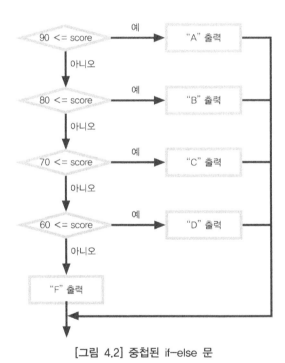

[그림 4.2] 중첩된 if-else 문

```java
🗋 Score.java ⊠
 1  public class Score{
 2     public static void main(String[] args){
 3
 4          int score = 83;
 5
 6          if(score >= 90){
 7              System.out.println("A");
 8          } else if(score >= 80) {
 9              System.out.println("B");
10          } else if(score >= 70) {
11              System.out.println("C");
12          } else if(score >= 60) {
13              System.out.println("D");
14          } else {
15              System.out.println("F");
16          }
17     }
18  }
```

이렇게 if-else 문이 다중으로 중첩되면 dangling else 문의 문제를 고려해야 한다. 다음의 프로그램의 결과는 무엇일까?

```java
🗋 DanglingElse.java ⊠
 1  public class DanglingElse{
 2     public static void main(String[] args){
 3          int age = 27;
 4          int height = 177;
 5
 6          if(age > 20)
 7              if(height < 160)
 8                  System.out.println("키가 좀 작으시군요.");
 9              else
10                  System.out.println("당신은 미성년자 입니다.");
11
12          System.out.println("Hello World");
13     }
14  }
15
```

위 프로그램의 결과는 else가 어느 if문에 걸린 것이냐에 따라 달라질 것이다. else가 첫 번째 if문에 걸린다면 결과는 단순히 "Hello World"만 출력될 것이다. 하지만 else가 두 번째 if문에 걸린다면 결과는 "당신은 미성년자 입니다."가 출력되고 "Hello World"가 출력될 것이다.

이렇게 if-else문이 중첩될 때, else문은 else문을 가지지 않은 가장 가까운 if문에 걸린다. 그러므로 결과는 "Hello World"가 출력된다. 이러한 혼란을 피하기 위해서는 되도록 문장을 블록으로 묶어서 이러한 애매함을 없애도록 하는 것이 좋다.

```
☑ DanglingElse1.java ☒                                          ▭ ▤
  1  public class DanglingElse1{
  2      public static void main(String[] args){
  3          int age = 27;
  4          int height = 177;
  5
  6          if(age > 20){
  7              if(height < 160)
  8                  System.out.println("키가 좀 작으시군요.");
  9              }
 10          else
 11                  System.out.println("당신은 미성년자 입니다.");
 12          System.out.println("Hello World");
 13      }
 14  }
 15  |
```

(2) switch 문

if-else문의 경우 두 가지 중 하나를 선택하는 경우 프로그램을 작성하기 쉽도록 해준다. 하지만 때때로 프로그램은 여러 가지 선택 중 하나를 선택해야 할 경우도 있다. 물론 이것을 처리하기 위하여 if else if else …와 같이 중첩된 if-else를 사용해도 된다. 이러한 경우 switch-case문을 사용하면 더욱 편리하게 이러한 문제를 처리할 수 있다. switch-case문의 구조는 아래와 같다.

```
switch(정수 연산식){
  case 정수 상수 :
        명령문;
        break;
    ⋮
  case 정수 상수 :
        명령문;
        break;
  default : 명령문;
}
```

우선 아래와 같은 다중의 if - else 문을 보자. 그리고 이와 동등한 switch case 문을 작성해 보도록 하겠다.

```java
MultiIfExam.java
 1  public class MultiIfExam{
 2      public static void main(String[] args){
 3
 4          int score = 8;
 5
 6          if(score == 9)
 7              System.out.println("수");
 8          else if(score == 8)
 9              System.out.println("우");
10          else if(score == 7)
11              System.out.println("미");
12          else if(score == 6)
13              System.out.println("양");
14          else
15              System.out.println("가");
16      }
17  }
18
```

위의 프로그램은 점수에 따라서 수, 우, 미, 양, 가 등의 형태로 출력해주는 예이다. 하지만 다중의 if-else 문으로 프로그램의 가독성이 떨어지고 그로 인하여 프로그램 이해에 혼란을 준다. 다음은 이를 switch-case문으로 고친 것이다.

```java
SwitchCaseExam.java
 1  public class SwitchCaseExam{
 2      public static void main(String[] args){
 3
 4          int score = 8;
 5
 6          switch(score){
 7              case 9:
 8              System.out.println("수");
 9              break;
10              case 8:
11              System.out.println("우");
12              break;
13              case 7:
14              System.out.println("미");
15              break;
16              case 6:
17              System.out.println("양");
18              break;
19              default :
20              System.out.println("가");
21          }
22      }
23  }
24
```

switch문에서 주의해야 할 점은 switch 단어 뒤의 괄호 속에는 반드시 정수 값을 산출해 내는 정수 연산식이 와야 한다. case문에서 비교하는 대상이 되는 값 또한 정수 값이어야만 한다.

위의 switch case문에서 case 문마다 break문이 쓰였다. break문은 자신을 포함하는 switch 문을 탈출하거나 자신을 포함하는 반복문을 탈출하는 용도로 쓰인다. 여기서는 전자인 자신을 포함하는 switch문을 탈출하는 용도로 사용된다. break문이 없는 경우는 어떠한 일이 일어나는 가에 대해 궁금한 독자는 break문을 주석으로 처리하고 실행을 시켜보라.

4.2.2 반복문

반복문은 하나 이상의 실행 문장을 조건이 만족하는 동안 반복 수행하기 위해 사용하는 문장이다. 자바에서 반복문은 for, while, 그리고 do while이 존재한다. 그리고 반복문의 제어를 위해 break, continue문을 사용하기도 한다.

(1) for문

반복문중 가장 대표적인 것이 for문인데 이는 다음과 같은 형식을 취한다.

```
for( [초기화식];[반복 조건 검사식];[증감식])
    문장;
```

for문은 정해진 횟수만큼의 실행문을 반복해야 하는 경우에 유용하게 쓰인다. for문에서도 제어의 범위는 자신의 다음 한 문장까지이다. 그러므로 여러 개의 문장을 실행 시켜야하는 경우에는 복합문을 써야 한다.

for문의 수행 과정은 우선 초기화식을 수행한다. 초기화 부분은 반복을 제어하는 변수에 초기값을 설정하는 부분인데 이는 반복이 시작되기 전에 한번만 실행된다. 그런 후 반복 조건 검사식 부분이 수행되는데 이는 참인지 거짓인지를 평가하여 참이면 문장을 수행하고, 거짓이면 for문을 중단하게 된다. 그런 후 증감식을 수행하여 반복 변수의 값을 변화시킨다. 그런 후 다시 반복 조건 검사식 부분으로 돌아가서 작업을 수행한다. 이를 그림으로 나타내면 다음과 같다.

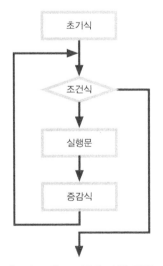

[그림 4.3] for 문의 수행 절차

아래의 프로그램은 1부터 100까지의 수의 합을 구하는 프로그램이다. for문에서 i 변수의 값이 1씩 증가하면서 i값이 100 이하이면 이 값을 sum에 더하고 그렇지 않으면 수행을 중단한다. for문의 수행이 중단된 후 sum 변수에는 1부터 100까지의 총합이 구해지게 된다.

```java
public class SumFrom1To100{
    public static void main(String[] args){
        int sum = 0;
        int i = 0;

        for(i = 1; i <= 100; i++){
            sum = sum + i;
        }

        System.out.println(sum);
    }
}
```

```
Console

<terminated> SumFrom1To100 [Java Application] C:\Program Files\Java\jre1.8.0_101\bin\javaw.exe (2016. 9.

5050
```

for문 형식에서 초기화식, 반복 조건 검사식, 증감식 모두가 조건적이다. 즉 있어도 되고 없어도 된다. 다음과 같은 경우는 무한루프를 수행하게 된다.

```
for(;;)
문장;
```

```
InfiniteLoop.java
1  public class InfiniteLoop{
2      public static void main(String[] args) {
3
4          for(;;){
5              System.out.println("Hello World");
6          }
7      }
8  }
9
10
```

위의 프로그램은 "Hello World"가 끊임없이 계속해서 출력이 된다. 강제로 종료를 해야 프로그램을 멈출 수 있다. 이러한 무한루프를 어디에 쓸까하는 의문이 들겠지만 때때로 무한 루프의 효과가 필요한 경우도 있다. 예를 들면 운영체제를 생각해보자. 운영체제는 특별히 처리할 행위가 없는 경우 사용자의 입력을 기다리며 일종의 무한루프 상황에 들어간다. 물론 사용자가 처리할 행위를 입력하면 무한 루프에서 탈출하여 맡은 임무를 수행한다.

(2) while 문

반복문 중에서 다음으로 많이 쓰이는 것이 while 문이다. while 문은 다음과 같은 구성을 가진다.

```
while(조건식)
문장;
```

while 문은 조건식을 검사하여 참인 경우에 문장을 반복 수행한다. while문의 수행 과정 은 다음과 같다. 우선 조건식을 판단하여 참이면 문장을 수행하고 다시 조건식을 판단한다. 이러한 과정을 반복하여서 조건식이 거짓이 되면 반복은 멈추게 된다.

[그림 4.4] while문의 수행 절차

1부터 100까지 더하는 프로그램을 while문을 사용하여 코팅한 예제이다.

```java
SumFrom1To100.java
1  public class SumFrom1To100{
2      public static void main(String[] args){
3          int sum = 0;
4          int i = 0;
5
6          for(i = 1; i <= 100; i++){
7              sum = sum + i;
8          }
9
10         System.out.println(sum);
11     }
12 }
13
14
```

(3) do while 문

while 문은 우선 조건식을 검사하여 참이면 문장을 수행한다. 만약 조건식이 처음부터 거 짓이라면 문장은 한 번도 수행되지 않는다.

```java
WhileFalseExam.java
1  public class WhileFalseExam{
2      public static void main(String[] args){
3
4          int i = 3;
5
6          while( i > 4){
7              System.out.println("Hello World");
8                  i++;
9          }
10     }
11 }
12
13
```

위의 예제와 같이 "Hello World"는 한 번도 찍히지 않는다. 왜냐하면 while의 조건식이 처음부터 거짓이기 때문에 while문은 수행되지 않는다. 이에 반해 do while문의 경우는 반드 시 한번 이상은 반복문이 수행되어야 하는 경우에 쓰인다. do while문은 아래와 같이 구성된 다.

```
do {
  문장;
} while(조건식);
```

do - while문은 while문과는 달리 일단 문장이 수행된 후 조건을 검사하게 된다. 그러므로 조건식이 처음부터 거짓이라고 해도 문장이 한번은 수행된다.

```java
DoWhileExam.java
1  public class DoWhileExam{
2      public static void main(String[] args){
3          int i = 3;
4
5          do{
6              System.out.println("Hello World");
7              i++;
8          }while(i > 4);
9      }
10 }
```

위의 경우의 수행 결과는 "Hello World" 가 한번은 찍히게 된다.

4.3 break 문

break 문의 용도는 크게 두 가지이다. 첫째는 자신을 둘러싼 가장 가까운 switch문을 탈출한다. 두 번째는 자신을 둘러싼 가장 가까운 반복문(for문 , while문)을 탈출한다.

첫 번째의 경우는 switch case문을 설명할 때 하였다. 여기서는 두 번째 경우를 살펴보도록 하겠다.

```java
BreakExam.java
1  public class BreakExam{
2      public static void main(String[] args){
3      int i = 0;
4      int j = 0;
5
6      for(i=1;i <= 10;i++){          // 첫번째 루프
7
8          j = 0;
9          for(;;){                   // 두번째 루프
10         if(i == j)
11             break;                 // 자신을 포함하는 가장 가까운 반복문을 탈출
12         else{
13             System.out.print('*');
14             j++;
15         }
16         }
17
18         System.out.print('\n');
19     }
20     }
21 }
```

위의 프로그램은 두개의 for문이 중첩되어 있다. 첫 번째 for문은 1부터 10까지 i 값이 변하여 간다. 두 번째 for문내에서 i와 j가 다르면 해당 작업을 하고, i와 j가 같아지면 break문을 만나게 된다. 이 경우 break문은 자신을 포함하는 가장 가까운 반복문을 탈출하게 되므로 두 번째 for문을 탈출하게 된다. 탈출 후 i가 10이하이면 다시 첫 번째의 for문의 영향을 받게 된다. 이의 실행결과는 다음과 같다.

```
Console ☒                              🖳 ✖ ✖ 🔲🔲 🔲 ▼ 🔲 ▼ ⬜ ⬜
<terminated> BreakExam [Java Application] C:\Program Files\Java\jre1.8.0_101\bin\javaw.exe (2016. 9. 14. ♀
*
**
***
****
*****
******
*******
********
*********
**********
```

4.4 continue 문

반복문 내에서 continue문을 만나면 continue문의 이후 문장을 수행치 않고 반복의 다음 스텝으로 넘어간다. 1부터 100사이의 짝수의 합을 구하는 프로그램을 작성해보자. 물론 여러 가지 방법으로 작성이 가능하겠지만 continue문을 사용하여 작성해보도록 하겠다.

```java
public class ContinueExam{
    public static void main(String[] args){
        int sum = 0;
        int i = 0;

        for(i=1;i <= 100; i++){
            if((i%2) == 1)
                continue;

                sum = sum + i;
        }

        System.out.println(sum);
    }
}
```

```
Console 
<terminated> ContinueExam [Java Application] C:\Program Files\Java\jre1.8.0_101\bin\javaw.exe (2016. 9. 1
2550
```

위의 예는 1부터 100사이의 짝수의 합을 구하는 프로그램이다. for문내의 if문에서 i가 홀
수인지 짝수인지를 검사한다. 홀수인 경우는 continue문을 만나게 된다. 그러면 아래의
sum = sum + i라는 문장을 수행하지 않고 다음 반복 스텝으로 넘어간다. 짝수인 경우는
continue문을 수행치 않고 sum = sum + i문장을 수행한다.

:: Chapter **5**

배열

5.1 소개

프로그램을 작성하면서 데이터를 저장하고 처리하기 위해 메모리를 확보한다. 프로그래밍 언어에서 볼 때 이렇게 확보된 메모리는 변수로 나타난다. 많은 양의 데이터를 조직화하고 처리해야 할 상황이 발생하는데 이러한 경우 배열을 사용한다.

예를 들면, 학생 성적 처리 프로그램을 작성한다고 생각해 보자. 한 반의 학생이 60명이라면 학생들의 국어 점수만을 저장하기 위해서라도 60개의 int형 변수가 필요하다. 이를 코딩하려면 60개의 변수를 선언하고 이들에 값을 할당해야 한다. 프로그램 상에서 이들을 관리해야 하는데 이것은 많은 어려움이 따른다.

다음의 예를 보자.

```
public class ArrayExam{
public static void main(String[] args){
  int kor01, kor02, kor03, kor04, kor05;
  int kor06, kor07, kor08, kor09, kor10;
    ⋮
  int kor56, kor57, kor58, kor59, kor60;
    ⋮
}
}
```

위의 코드를 보면 60명이 한 반인 경우의 국어 점수를 처리하기 위해 변수를 할당한 예이다. 프로그램 상에서 60개의 변수를 잡고 관리하는데 많은 어려움을 느낄 것이다. 이러한 경우 배열을 사용하여 해결한다.

배열은 동일한 자료형을 가진 동일한 변수 명들의 모임이다. 동일한 변수 명을 가진 대상체들을 어떻게 구분할까? 그것은 첨자를 통해서 한다. 배열의 사용은 동일한 형의 많은 데이터를 조직하고 처리하는데 사용한다.

5.2 배열의 생성과 사용

배열을 만들어보자. 자바에서 배열은 참조형으로 처리된다.

배열의 생성은 new 연산자를 통하여 생성된다. 배열형 변수는 변수의 타입 다음에 []을 추가하거나 변수명 뒤에 []을 추가하여 선언한다.

■ 배열형 변수 선언

```
〈데이터 타입〉[]……..[] 변수명;
〈데이터 타입〉 변수명[]……..[]
```

예를 들면 int[] kor; 혹은 int kor[]; 같이 배열형 변수를 선언하고 있다. 배열 객체를 생성하는 방법은 new 연산자와 더불어 데이터 타입 명에 사이즈를 정해주면 된다.

■ 배열 생성

```
new 〈데이터 타입〉[배열의 크기] …… [배열의 크기];
```

new int[5]; 는 정수형 변수 5개를 가지는 배열을 생성한다. int[] kor = new int[60]; 라는 문장은 정수형 변수 60개를 가지는 배열를 생성하여 배열형 참조 변수 kor이 참조한다. int kor[] = new int[60];도 같은 의미이다.

위의 프로그램을 배열을 이용하여 다시 작성하면 다음과 같다.

```
public class ArrayExam{
  public static void main(String[] args){
    int[] kor = new int[60];
      ⋮
  }
}
```

변수들의 경우에는 이름을 통하여 접근한다. 하지만 배열의 경우에는 동일한 이름으로 확보된다. 위의 프로그램에서 int[] kor = new int[60]; 에서 kor이라는 이름으로 배열이 관리된다. 배열에 속해있는 요소는 이들의 위치값(인덱스 혹은 첨자값)으로 접근한다. 즉 위치에 따라 순번이 매겨지고 각각의 배열 요소를 구별하는데 쓰인다. 순번은 0번부터 매겨진다.

그러므로 n개의 크기를 가진 배열을 생성하면 0부터 n-1까지의 번호가 매겨진 배열이 생성된다. 1번부터가 아님을 주의하라.

즉, int[] kor = new int[60]; 인 경우

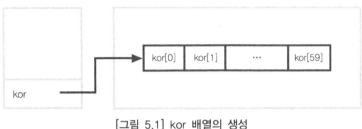

[그림 5.1] kor 배열의 생성

위의 그림과 같이 생성된다. 자바에서는 배열을 객체로 처리한다. 그러므로 배열은 참조형이며 힙 영역에 저장된다.

5.3 일차원 배열의 생성과 초기화

우선 차원에 대하여 알아보자. 배열에서 차원이란 배열의 요소 항목을 지목하기 위해 몇 개의 첨자가 필요한가에 의해 결정된다. 하나의 첨자만으로 배열의 요소 항목에 접근이 되면 1차원, 2개의 첨자가 필요하면 2차원, 3개의 첨자가 필요하면 3차원 등의 식이다. 자바에서는 255차원까지를 지원한다.

일차원 배열의 경우는 하나의 첨자만으로 배열의 요소 항목에 대한 접근이 가능하다. 일차원 배열을 선언하고 생성하는 것은 아래와 같다.

■ **1차원 배열의 선언**

〈데이터 타입〉[] 변수명;

■ **1차원 배열의 생성**

new 〈데이터 타입〉[배열의 크기];

int[] kor = new int[60]; 는 60개의 정수 변수를 가지는 1차원 배열을 생성시켰다.

1부터 10을 배열에 넣고 이들의 합을 구하는 프로그램을 작성해 보겠다.

```java
public class NumSum{
    public static void main(String[] args){
        int[] num = new int[10];
        int i = 0;
        int sum = 0;

        for(i=0;i < num.length;i++)
            num[i] = i+1;

        for(i = 0;i < num.length;i++)
            sum = sum + num[i];

        System.out.println("The sum is " + sum);
    }
}
```

```
<terminated> NumSum [Java Application] C:\Program Files\Java\jre1.8.0_101\bin\javaw.exe (2016. 9. 14. 오
The sum is 55
```

위의 예제는 int형 변수 10개를 배열로 잡고 그곳에 1에서 10까지의 값으로 초기화를 시킨 후 이 배열의 총합을 구하는 프로그램이다. for문의 조건 체크 부분에 num.length라는 항목이 있다. num.length는 num이 참조하는 배열 객체의 길이를 나타내는 필드이다.

배열을 선언 시에 초기화를 해주면 배열이 생성된다.

int[] num = { 1, 2, 3, 4, 5, 6, 7, 8, 9, 10}; 이라고 하면 10의 크기를 가지는 정수

배열이 생성되고 이를 num이 가르킨다.

그럼 이제 선언시의 초기화 방법을 통하여 위의 예제를 다시 기술해 보자.

```
public class NumSum{
public static void main(String[] args){
  int[] num = {1, 2, 3, 4, 5, 6, 7, 8, 9, 10};
  int i = 0;
  int sum = 0;

  for(i = 0; i < num.length; i++)
      sum = sum + num[i];

  System.out.println("The sum is " + sum);
}
}
```

5.4 다차원 배열의 생성과 초기화

2차원 이상의 배열을 다차원 배열이라고 한다. 다차원 배열의 선언과 생성은 다음과 같이 한다.

■ **다차원 배열의 선언**

〈데이터 타입〉[] ….. [] 변수명;

■ **다차원 배열의 생성**

new 〈데이터 타입〉[배열의 크기] …… [배열의 크기];

2차원의 배열을 다루어보자. 3, 4, … 차원의 배열도 결국은 마찬가지다. 자바에서의 2차원 배열의 선언과 생성 방법은 1차원 배열의 선언과 생성 방법과 같다. 단지 1차원 배열이 첨자를 1개 가지는데 비하여 2차원 배열은 첨자를 2개 가진다는 점이 다르다. 3차원은 3개의 첨자를 가진다.

■ **2차원 배열의 선언**

〈데이터 타입〉[][] 변수명;

■ 2차원 배열의 생성

> new 〈데이터 타입〉[배열의 크기(행)][배열의 크기(열)];

int[][] num = new int[3][3]; 라고하면 3행 3열의 2차원 배열을 만든다. 자바서 2차원 배열은 행(Row) 우선 저장방식을 취하며 배열의 배열이라고 볼 수 있다. 즉 위의 int[][] num = new int[3][3]; 은 다음과 같이 쓸 수 있다.

```
int[][] num = new int[3][];
num[0] = new int[3];
num[1] = new int[3];
num[2] = new int[3];
```

num은 int형 2차원 배열을 참조할 수 있는 변수로 선언되고 int형 1차원 배열을 참조할 수 있는 크기 3의 참조변수 배열을 생성한다. 그 각각의 참조 변수에 크기 3의 int형 배열을 생성해서 참조하게 한다.

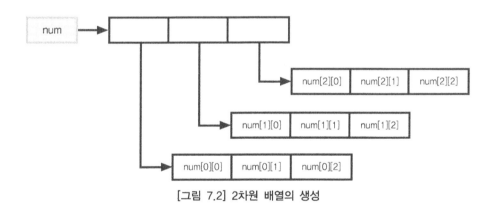

[그림 7.2] 2차원 배열의 생성

자바에서의 2차원 배열은 행(Row) 우선 저장 방식으로 메모리에 할당된다. int[ ][ ] num = new int[ ][3]; 은 에러를 발생시킨다. 배열의 객체를 생성시킬 때 좌측요소의 크기가 결정이 안된 항목이 나오면 안된다.

다음은 구구단에서 5단을 출력하는 프로그램이다. 이를 표현하기 위해 2차원 배열을 사용하였다.

```
Gugudan.java ⊠
 1  public class Gugudan{
 2      public static void main(String[] args){
 3          int[][] dan5 = new int[9][3];
 4          int i = 0;
 5
 6          for(i = 0;i < dan5.length;i++){
 7              dan5[i][0] = 5;
 8              dan5[i][1] = i;
 9              dan5[i][2] = dan5[i][0] * dan5[i][1];
10          }
11
12          for(i = 0;i < dan5.length;i++){
13              System.out.println(dan5[i][0] + " * " + dan5[i][1] + " = " + dar
14          }
15      }
16  }
```

```
Console ⊠
<terminated> Gugudan [Java Application] C:\Program Files\Java\jre1.8.0_101\bin\javaw.exe (2016. 9. 14. 오
5 * 0 = 0
5 * 1 = 5
5 * 2 = 10
5 * 3 = 15
5 * 4 = 20
5 * 5 = 25
5 * 6 = 30
5 * 7 = 35
5 * 8 = 40
```

다차원 배열 또한 선언 시에 초기화를 통하여 배열을 생성할 수 있다. 이때 배열의 요소들은 쉼표(,)로 각각을 구분시켜서 중괄호({})로 묶여진다.

int[][] array1 = {{1,2,3},{4,5,6},{7,8,9}};는 3행 3열의 2차원 배열을 생성하게 된다. 아래의 프로그램은 array1 배열의 모든 항의 총합을 구하는 프로그램이다.

```java
ArraySum.java ☒
1  public class ArraySum{
2      public static void main(String[] args){
3          int[][] array = {{1,2,3},{4,5,6},{7,8,9}};
4          int i = 0;
5          int j = 0;
6          int sum = 0;
7
8          for(i=0;i < array.length;i++){
9              for(j=0;j<array[i].length;j++){
10                 System.out.print(array[i][j]);
11                 System.out.print("\t");
12                 sum = sum + array[i][j];
13             }
14             System.out.print("\n");
15         }
16
17         System.out.println("Total Sum : " + sum);
18     }
19 }
```

```
Console ☒
<terminated> ArraySum [Java Application] C:\Program Files\Java\jre1.8.0_101\bin\javaw.exe (2016. 9. 14. 오:
1       2       3
4       5       6
7       8       9
Total Sum : 45
```

다차원의 배열이라고 하면 각각의 차원에 대하여 그 하위의 차원의 요소가 동일한 크기로 생각하기 쉬운데 자바에서는 하위의 차원의 요소가 다른 비정방형 배열(jagged array)를 생성하고 다루기가 쉽다.

첫 번째 열은 3개의 요소, 두 번째 열은 4개의 요소, 세 번째 열은 5개의 요소를 가진 2차원의 배열을 생성하고 이들을 다루어 보자. 이의 생성은 두 가지 방법이 있다. 우선은 new를 통한 명시적 생성이고 두 번째는 선언시에 초기화를 통한 생성이다.

■ new를 통한 명시적 생성

```java
int[][] array = new int[3];
array[0] = new int[3];
array[1] = new int[4];
array[2] = new int[5];
```

■ 선언시에 초기화를 통한 생성

int[][] array = {{1,2,3},{4,5,6,7},{8,9,10,11}};

다음은 비정방형 배열 항목의 총합을 구하는 프로그램이다.

```java
J JaggedArraySum.java ⊠
1  public class JaggedArraySum{
2      public static void main(String[] args){
3          int[][] array = {{1,2,3},{4,5,6,7},{8,9,10,11}};
4          int i = 0;
5          int j = 0;
6          int sum = 0;
7
8          for(i=0;i < array.length;i++){
9              for(j=0;j<array[i].length;j++){
10                 System.out.print(array[i][j]);
11                 System.out.print("\t");
12                 sum = sum + array[i][j];
13             }
14             System.out.print("\n");
15         }
16
17         System.out.println("Total Sum : " + sum);
18     }
19 }
```

```
🖳 Console ⊠
<terminated> JaggedArraySum [Java Application] C:\Program Files\Java\jre1.8.0_101\bin\javaw.exe (2016. 9.
1       2       3
4       5       6       7
8       9       10      11
Total Sum : 66
```

위의 프로그램에서 보듯이 비정방형 배열이라고 해서 이를 다루는 방법이 일반 배열과 차
이가 있는 것은 아니다. 자바에서 배열은 객체이고 배열의 크기와 같은 배열에 대한 정보를
구해낼 수 있으므로 다루기가 아주 편리하다.

:: Chapter **6**

객체 지향 프로그래밍

6.1 객체 지향 프로그래밍(Object-Oriented Programming)

구조적 프로그램의 단점을 해결하기 위해 객체 지향적 프로그래밍이 대두되었다. 구조적 프로그램에서는 프로그램에서 일어나는 모든 변화와 동작, 사건 등을 프로그래머가 직접 기술하는 방법이다. 하지만 객체지향에서는 프로그래머가 객체에게 자신이 원하는 일을 해달라는 메시지를 전달하는 형태로 프로그램이 기술된다.

객체 지향적 프로그램에서 객체란 데이터와 이 데이터를 처리하는 함수들을 묶은 소프트웨어 모듈이다. 즉 데이터와 데이터를 조작하는 함수를 따로 떼어서 보지 않고 하나로 묶어서 본 것이다. 데이터와 데이타와 관계있는 함수들 간의 연관관계가 잘 표현되고, 데이터와 이를 조작하는 함수가 하나의 모듈로 움직임으로 인해 재사용성이 높아진다. 데이터에 여러 접근 지정을 두어서 데이터에 접근을 통제, 오류가 발생할 수 있는 여지를 줄일 수 있다. 자바는 이러한 객체 지향적 프로그램을 하기에 적합한 언어로 제작이 되었다.

6.1.1 객체와 클래스(Object and Class)

객체란 실세계에서 우리가 파악할 수 있는 모든 대상체를 일컫는다. 즉, 특성과 기능을 가지고 있으며 지칭이 가능한 물체라고 볼 수 있다. 예를 들면 모니터, 키보드, 형광등, 책, 리모콘 등 우리가 사는 이 세상은 객체들로 가득 차 있고 이러한 객체들 간의 상호 작용에 의하여 세상이 움직이고 있다. 객체지향의 기본 원리는 프로그램을 실세계의 객체들이 서로 상호 작용하는 것처럼 모델링하겠다는 것이다.

객체는 구조를 가지고 있다. 쉽게 말하자면 속성과 행위를 가지고 있다. 예를 들어 자동차 객체를 생각해보자. 속성으로는 속도, 연료를 행위로는 '출발하다', '가속하다', '정지하다' 등으로 볼 수 있다. 프로그램에서 객체는 데이터와 이를 처리하는 함수들을 묶은 모듈 형태로 나타난다. 데이터는 속성을, 함수는 행위를 담당한다.

프로그램에서 객체를 사용하기 위해서는 객체를 생성할 수 있는 틀이 필요하다. 이러한 틀이 클래스이다. 클래스는 객체 생성을 위한 설계도이다 그러므로, 클래스에는 객체의 속성과 행위가 표현되어야 한다. 우리는 클래스를 설계하고 이를 실체화하여 객체를 만든다. 이러한 객체들 간의 관계를 기술하여 프로그래밍하는 방식이 객체 지향 프로그래밍이다.

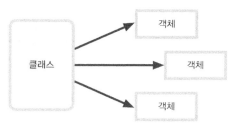

[그림 6.1] 클래스와 객체와의 관계

자바와 같은 객체 지향 언어에서 말하는 클래스는 결국 모든 객체의 상태와 동작을 정의하는 추상화된 데이터 형의 개념이며 객체를 생성하는 틀의 역할을 한다. 즉, 클래스를 통하여 메모리에 생성된 실체가 바로 객체인 것이다. 이것은 데이터 타입과 변수와 비슷한 관계이다. 데이터 타입 또한 변수를 생성하는 하나의 틀로 작용했다. 그래서 클래스도 하나의 데이터 형으로 보는 것이다. 이에 대해서는 다음 절에서 좀 더 자세히 설명하겠다.

6.1.2 필드와 메소드(field and method)

클래스는 객체를 생성하는 하나의 틀이라고 하였다. 그렇다면 클래스는 객체의 상태를 잘 반영하고 있어야 한다. 객체는 상태와 행위로 이루어진다. 그렇다면 클래스 또한 이러한 상태와 행위를 나타낼 수 있어야 한다.

객체가 내부적으로 데이터를 저장하기 위해 클래스 내부에 두는 변수를 필드 또는 멤버 변수라고 한다. 객체에게 동작을 요구했을 때, 수행할 동작을 클래스 내부에 기술한 프로그램 코드의 집합을 메소드 또는 멤버 함수라 한다.

클래스의 멤버 변수는 다음과 같은 양식으로 기술되어진다.

```
접근지정자 타입 변수명;
```

클래스의 멤버 메소드는 다음과 같은 양식으로 기술되어진다.

```
접근지정자 반환_타입 메소드명 (인자 리스트){
}
```

이런 식으로 멤버 메소드와 멤버 필드를 기술한다. 간단히 Car 클래스를 설계해 보자. 일단 자동차의 속도를 멤버 필드로 자동차의 행위로는 출발하고, 달리고 그리고 멈추는 것을

이클립스와 함께 하는 프로그래밍 기초를 쌓는 JAVA

행할 수 있다. 이를 코딩 한다면 아래와 같다.

```
class Car{
  private int speed;              // 필드 또는 멤버 변수

  public void start(){            // 메소드 또는 멤버 함수
     System.out.println("Start");
  }

  public void speedUp(){          // 메소드 또는 멤버 함수
     System.out.println("Speed Up");
  }

  public void stop(){             // 메소드 또는 멤버 함수
     System.out.println("Stop");
  }
}
```

위의 예를 보면, 멤버 변수와 멤버 함수를 명확히 구분해낼 수 있다.

이제 자바에서 자동자 운행 프로그램을 작성해보자. 아래의 프로그램과 같다.

```
CarExam.java
1  class Car{
2
3      private int speed;
4
5      void start(){
6          System.out.println("Start");
7      }
8
9      void speedUp(){
10         System.out.println("Speed Up");
11     }
12
13     void stop(){
14         System.out.println("Stop");
15     }
16 }
17
18 public class CarExam{
19     public static void main(String[] args){
20         Car car101 = new Car();
21         car101.start();
22         car101.speedUp();
23         car101.stop();
24     }
25 }
26
```

```
🖥 Console ⊠                                    ■ ✕ ✖ | ■ ⬚ | ⬚⬚ | ⇨ ⬚ ▾ ⬚ ▾ ⬚ ⬚
<terminated> CarExam [Java Application] C:\Program Files\Java\jre1.8.0_101\bin\javaw.exe (2016. 9. 14. 오후
Start
Speed Up
Stop
```

위의 프로그램 예제를 보면 Car 클래스의 객체를 생성하기 위해 Car 클래스를 정의하였다. 객체를 생성하기 위해서는 반드시 그 클래스를 먼저 정의해야 한다. 그런 후 new 연산자를 이용하여 Car 클래스의 car101이라는 참조변수를 이용하여 객체를 생성하고 있다. 그런 후 해당 객체의 메소드를 호출하여 결과를 출력한다. 생성된 객체의 메소드나 속성은 . 연산자를 사용하여 접근한다. 프로그램을 작성하는데 있어 예전처럼 절차중심적이지 않고 객체에게 필요한 명령을 내리고 객체가 반응하는 것을 통하여 프로그램을 작성한다.

위의 예에서 보면, car101은 Car 클래스의 객체를 참조한다. 즉, 이 변수는 참조형이다. 자바에서 객체를 생성하는 것은 new 연산자를 통하여 생성한다. 그리고 이 객체를 가리키는 참조 변수를 통하여 다루어진다. 여기에서 클래스 Car는 일종의 데이터 형이고 객체는 자바에서의 참조형에 해당한다.

6.1.3 객체 생성과 생성자

객체를 생성하기 위해서는 객체의 설계도라 할 수 있는 클래스를 먼저 정의하고 이에 new 연산자를 통하여 객체를 생성한다. 자바 가상 머신에서는 객체 생성을 어떻게 하는지 알아보자. 자바 VM은 소프트웨어적으로 만들어진 하나의 시스템이라 봐도 무방하다. 소프트웨어적으로 만들어진 하나의 컴퓨터이다. 이의 내부에는 메모리를 가지고 있는데 이를 크게 다음과 같이 3가지 영역으로 구분해서 사용한다.

[그림 6.2] 자바 가상 머신의 메모리 구조

클래스 로딩 영역은 자바 프로그램이 수행 시에 필요한 클래스를 올려놓는 영역이다. 스택 영역은 임시 변수를 잡아 쓰는 영역이다. 이는 자바 가상 머신에서 관리를 한다. 임시변수의 공간이 필요하면 잡았다가 필요 없으면 공간을 해지한다. 자바에서의 힙 영역은 new 연산자를 통한 객체를 생성 시에 필요한 공간을 제공하는 영역이다. 객체는 힙 영역에 생성된다. C/C++에서의 힙 영역은 프로그래머가 관리를 담당하던 부분이었다. 프로그래머가 필요하면 잡아서 쓰고 필요 없으면 이를 해지하는 책임을 져야 했다. 관리가 제대로 안되어 메모리 유출과 같은 문제를 야기시킨다.

자바에서는 힙의 관리를 프로그래머가 아닌 자바 가상 머신에서 맡는다. 프로그래머가 new 연산을 통하여 객체 생성을 하면 이는 힙 영역에 생성된다. 하지만 이를 해지하는 것은 프로그래머가 하는 것이 아니라, 시스템이 알아서 해준다. 이를 가비지 콜렉팅이라 한다.

자바에서 객체를 생성하면 이는 힙 영역에 만들어진다. 객체가 생성될 때, 반드시 호출되는 메소드가 있는데 이를 생성자라고 한다. 생성자는 자동으로 호출되고 생성 시에 한번만 호출된다. 생성자는 객체의 초기값을 설정하는데 사용된다.

생성자는 반환형이 없고 이름은 자신의 클래스명과 동일하다. 위의 프로그램에서 보자면 Car 클래스의 생성자는

```
public Car(){
}
```

가 되는 것이다.

하지만 위와 같은 생성자가 위의 예제에는 존재하지 않는다. 프로그래머가 어떠한 생성자도 만들어주지 않으면 컴파일러가 어떠한 인자도 가지지 않은 기본 생성자를 하나 만들어준다. 기본 생성자란 어떠한 인자도 가지지 않는 생성자이다. 위의 프로그램에 생성자를 넣어서 다시 작성하면 아래와 같다.

```
class Car{
  private int speed;

  public Car(){
     System.out.println ("Car is Created");
     speed = 0;
  }

  void start(){
     System.out.println ("Start");
  }

  void speedUp(){
     System.out.println ("Speed Up");
  }

  void stop(){
     System.out.println ("Stop");
```

```
  }
}

  public class CarExam{
  public static void main(String[] args){
     Car car101 = new Car();              // 1. 객체 생성
     car101.start();
     car101.speedUp();
     car101.stop();
  }
}
```

　1에서 Car 클래스의 객체를 생성하고 있다. Car 클래스의 생성자가 호출된다. 생성자는 사용자가 여러 가지 형태를 정의해두고 필요에 따라 객체의 초기화를 다르게 실행시킬 수 있다. 객체 생성은 new 연산을 통하여 프로그래머가 하지만 이를 제거하는 것은 자바 가상 머신의 몫이다. 가비지 콜렉터가 행한다.

　모든 객체 지향 프로그래밍 언어는 공통적으로 세 가지 특징을 가진다. 캡슐화, 상속성 그리고 다형성이다.

6.2 멤버에 대한 접근 제어

클래스의 모든 필드와 메소드는 해당 클래스 안의 코드에서는 항상 접근 사용이 가능하다. 하지만 다른 클래스에서의 접근은 항상 접근 가능한 것은 아니다. 다른 클래스에서의 접근을 제어하기 위해 접근 제어자가 제공된다. 접근 제어자를 이용함으로써 자신이 만든 클래스가 다른 클래스에 의하여 접근 되는 것을 제어한다.

클래스의 어떤 메소드, 필드는 단지 자신의 클래스에서만 사용 가능하고 다른 클래스로부터 숨길 수 있다. 캡슐화는 데이터는 숨기고 행위는 공개한다. 이 때 '숨긴다' 는 의미는 "클래스의 외부에서는 접근이 되지 않는다" 는 뜻이다. 그리고 '공개를 한다' 는 의미는 "외부에서 접근이 가능하다" 는 뜻이다. 멤버 요소마다 접근 제어를 다르게 줄 수 있다.

자바에서는 4가지의 접근 제어를 제공한다. 이들 각각을 위해 접근 제어 수식어를 제공한다. public, private, protected 그리고 아무 수식어도 달지 않은 기본 접근 제한 수식어 default 접근 제어가 있다.

- **public** : public으로 선언된 멤버들은 해당 클래스 외부 어디에서든 접근 가능.

- **private** : private로 선언된 멤버들은 해당 클래스 안에서만 접근 가능.

- **protected** : protected로 선언된 멤버들은 해당 클래스와 상속된 서브 클래스에서 접근 가능.

- **default** 또는 **package** : 동일한 패키지에 있는 클래스에서는 접근 가능.

접근 제어를 설명하기 위한 예제로 덧셈기를 생각해 보자. 덧셈기에 필요한 멤버 변수와 멤버 함수를 아래에 기술한다.

[표 6.1] Adder 클래스의 멤버 변수와 멤버 함수

클래스 명	Adder	덧셈기
멤버 변수	firstNum	첫 번째 값을 저장 받는 변수
	secondNum	두 번째 값을 저장 받는 변수
	resultNum	결과 값을 저장할 변수
멤버 함수	setFirst()	firstNum의 값을 설정한다.
	setSecond()	secondNum의 값을 설정한다.
	add()	firstNum과 secondNum을 더하여 결과값을 resultNum에 담는다.
	getResult()	resultNum의 값을 가져온다.

```java
J AdderExam.java ⊠                                                    ⊏ ◻
 1 class Adder{
 2     public int firstNum;
 3     public int secondNum;
 4     public int resultNum;
 5
 6     public void setFirstNum(int n){
 7         firstNum = n;
 8     }
 9
10     public void setSecondNum(int n){
11             secondNum = n;
12     }
13
14     public void add(){
15             resultNum = firstNum + secondNum;
16     }
17
18     public int getResult(){
19             return resultNum;
20     }
21 }
22
23 public class AdderExam{
24     public static void main(String[] args){
25         int res = 0;
26         Adder add1 = new Adder();
27
28         add1.setFirstNum(3);
29         add1.secondNum = 5;   // adder1 객체 내부를 직접적으로 접근
30         add1.add();
31         res = add1.getResult();
32         System.out.println(res);
33     }
34 }
```

위의 코드에서 문제점은 무엇일까? 그것은 firstNum, secondNum, resultNum 멤버 요소를 외부에서 접근 할 수 있다는 것이다. 왜 이것이 문제일까? 위의 예제의 경우 AdderExam 클래스 내의 main 메소드에서 add1.firstNum, add1.secondNum, add1.resultNum의 형태로 Adder 클래스 객체의 멤버 변수를 접근할 수 있다. 이러한 성질은 객체의 멤버 변수 값을 변화시킬 수 있는 가능성을 전체 프로그램으로 확대시키거나, 해당 클래스 내부에서의 변화를 외부로 전파시켜서 프로그램의 전반적인 수정을 요구하게 되어 프로그램의 부품화를 저해시킨다.

위의 프로그램에서 Adder 클래스의 firstNum, secondNum, resultNum 변수명을 m_nFirst, m_nSecond, m_nResult로 각각 바꾼다고 해보자.

```
AdderExam1.java ⊠
 1  class Adder{
 2      public int m_nFirst;
 3      public int m_nSecond;
 4      public int m_nResult;
 5
 6      public void setFir(int n){
 7              m_nFirst = n;
 8      }
 9
10      public void setSec(int n){
11          m_nSecond = n;
12      }
13
14      public void add(){
15          m_nResult = m_nFirst + m_nSecond;
16      }
17
18      public int getRes(){
19          return m_nResult;
20      }
21  }
22
23  public class AdderExam1{
24      public static void main(String[] args){
25          int res = 0;
26          Adder add1 = new Adder();
27          add1.setFir(3);
28          add1.secondNum = 5;   // 에러를 유발
29          add1.add();
30          res = add1.getRes();
31          System.out.println(res);
32      }
33  }
```

위의 프로그램은 add1.secondNum = 5;에서 에러를 유발시킨다. 이는 Adder 클래스 내부의 변화가 외부에 영향을 미치는 것을 단적으로 나타낸다. 이러한 성질은 클래스가 부품화되는 것을 방해한다. 이러한 문제를 해결하기 위해서는 외부에서 Adder 클래스의 내부 멤버 변수 요소의 접근을 막는 메커니즘이 필요하다. 이러한 작용을 해주는 것이 캡슐화이다. 위의 프로그램을 고치면 아래와 같다.

```
AdderExam2.java ⊠
1  class Adder{
2      private int m_nFirst;
3      private int m_nSecond;
4      private int m_nResult;
5
6      public void setFir(int n){
7          m_nFirst = n;
8      }
9
10     public void setSec(int n){
11         m_nSecond = n;
12     }
13
14     public void add(){
15         m_nResult = m_nFirst + m_nSecond;
16     }
17
18     public int getRes(){
19         return m_nResult;
20     }
21 }
22
23 public class AdderExam2{
24     public static void main(String[] args){
25         int res = 0;
26         Adder add1 = new Adder();
27         add1.setFir(3);
28         add1.setSec(5);  // 공개된 멤버 함수를 통하여 접근
29         add1.add();
30         res = add1.getRes();
31         System.out.println(res);
32     }
33 }
```

위의 수정된 프로그램에서는 Adder의 객체가 가진 멤버 변수를 외부에서 함부로 접근하지 못한다. 단지 공개된 멤버 메소드를 통해서만 접근이 가능하다. 이렇게 수정된 Adder 클래스에서는 내부의 변화가 외부에 영향을 미치지 않는다. 왜냐하면 외부에서는 공개된 메소드만을 통하여 접근하고 있기 때문이다. 이렇게 함으로써 Adder 클래스를 부품화시키는 것이 가능하다.

이클립스와 함께 하는 프로그래밍 기초를 쌓는 **JAVA**

6.3 멤버 변수와 지역 변수

객체를 생성하게 되면 객체는 힙 영역에 만들어지고 객체가 생성될 때 생성자가 호출된다.
그러면 힙에 생성된 객체는 어떠한 모양일까? 객체는 힙에 멤버 변수를 주축으로 생성된다.

```java
class Car {
    private int fuel;
    private int speed;

    public Car(){
        fuel = 0;
        speed = 0;
    }

    public Car(int f){
        fuel = f;
    }

    public Car(int f,int s){
        fuel = f;
        speed = s;
    }

    public void showData(){
        System.out.println("Fuel : " + fuel);
        System.out.println("Speed : " + speed);
    }
}

public class CarExam{
    public static void main(String[] args){
        Car a = new Car(100,0);
        Car b = new Car();

        a.showData();
    }
}
```

위의 프로그램에서 Car 클래스를 틀로 하여서 힙에 Car 클래스의 객체를 생성한다. Car
클래스의 멤버 변수를 이용하여 객체를 생성한다. 멤버 메소드는 단지 클래스가 로딩되는 곳
에 하나만 존재한다. 그리고 모든 객체들이 이를 공유한다. 객체 생성의 모습을 보면 아래와
같다.

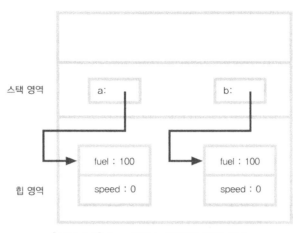

[그림 6.3] Car 클래스 객체의 생성 모습

0

　클래스의 멤버변수는 생성된 객체의 구성 요소가 된다. 객체는 힙 영역에 생기므로 결국 해당 객체의 멤버 변수는 힙 영역에 저장된다. 하지만 멤버 변수가 아닌 변수들, main 메소드에서의 args 그리고 Car 생성자에서 f, s 등도 모두 일정한 메소드의 코드 영역 내에 있다. 이러한 변수를 지역 변수라 한다.

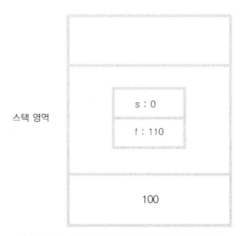

[그림 6.4] 스택 영역에 할당된 지역 변수

　지역 변수는 항상 메모리에 존재할 필요는 없다. 왜냐하면 지역 변수는 이를 포함하는 해당 코드 블록으로 제어가 넘어가면 생겼다가 제어가 이를 빠져 나오면 더 이상 메모리에 존재하지 않아도 되기 때문이다. 즉 위의 프로그램에서 보자면 Car 생성자의 f, s 변수는 이 생성자가 호출될 때 메모리에 잡힌다. 이때 이들이 잡히는 영역이 어디일까? 이들은 모두 스택 영역에 잡힌다. 자바 가상 머신은 해당 메소드가 호출되면 이의 지역변수를 스택에 잡아 쓰다가 해당 메소드가 반환되면 스택에서 자동으로 지역 변수를 제거한다.

[그림 6.4]의 예를 보자. f와 s는 지역 변수에 해당한다. 이들은 Car(int f, int s) 생성자가 호출되었을 때 실행의 제어가 넘어가면 그때 스택에 생겼다가 반환시에 스택에서 사라진다.

6.4 멤버 변수와 지역 변수의 유효 범위(scope)

변수가 선언되었을 때, 이 변수를 사용할 수 있는 영역(scope)이 결정이 된다. 자바와 같이 구조적인 프로그래밍을 지원하는 언어에서는 변수는 각 블록 단위로 관리된다. 변수가 유효한 지역을 유효 범위 혹은 스코프라고 하는데 선언한 그 이름만으로 참조할 수 있는 지역을 의미한다. 동일한 스코프 내에서 두개 이상의 동일한 변수명이 나타나면 이것은 중복 선언이 되는 것이고 에러를 유발시킨다.

멤버 변수의 경우 해당 멤버 변수가 선언된 클래스의 멤버 함수 내에서는 어디서든 참조가 가능하다. 하지만 메소드에 속하거나 또는 인자로 주어지는 지역 변수의 경우는 선언된 시점에서 해당 블록이 끝나는 곳까지 유효하다. 다음은 이러한 지역 변수의 스코프에 대한 요약이다.

- **블록 내에서 선언된 변수** : 선언된 시점에서 블록이 끝날 때까지
- **메소드나 생성자의 인자** : 메소드나 생성자 블록의 전체
- **for문의 초기화 영역에 선언된 변수** : for문의 제어가 영향을 미치는 범위
- **예외 처리문에서 선언된 변수** : 해당하는 catch문에 따라나오는 블록 전체

```java
LocalVariableExam.java ⊠
 1  public class LocalVariableExam{
 2
 3      public static void localVarTest1(){
 4
 5          System.out.println(" ---localVarTest1---");
 6          int i = 3;
 7
 8          {
 9                  int j = 2;
10              System.out.println("j = " + j);
11                  System.out.println("i = " + i);
12                  i = j;
13          }
14                  System.out.println("i = " + i);
15      }
16
17
18      public static void localVarTest2(int i){
19
20          System.out.println(" ---localVarTest2---");
21          System.out.println("i = " + i);
22      }
23
24      public static void localVarTest3(){
25
26          System.out.println(" ---localVarTest3---");
27
28          for(int i = 0;i < 2;i++){
29              System.out.println("i = " + i);
30          }
31      }
```

```java
33      public static void localVarTest4(){
34
35          System.out.println(" ---localVarTest4---");
36          int i = 2;
37          int j = 0;
38          int res = 0;
39
40          try{
41                  res = i / j;
42          }catch(ArithmeticException e){
43                  int t = 1;
44                  res = t;
45          }
46
47          System.out.println("res = " + res);
48      }
49
50      public static void main(String[] args){
51          localVarTest1();
52          localVarTest2(3);
53          localVarTest3();
54          localVarTest4();
55      }
56  }
```

위 프로그램이 결과는 아래와 같다.

```
Console ☒
<terminated> LocalVariableExam [Java Application] C:\Program Files\Java\jre1.8.0_101\bin\javaw.exe (2016.
 ---localVarTest1---
j = 2
i = 3
i = 2
 ---localVarTest2---
i = 3
 ---localVarTest3---
i = 0
i = 1
 ---localVarTest4---
res = 1
```

localVarTest1에서는 블록 내에서 선언된 변수의 예를 보여주고 있다. 이 메소드에서는 i 와 j가 지역변수로 사용되고 있다. 하지만 i와 j의 스코핑 범위는 차이가 있다. i는 선언된 시점에서부터 localVarTest1 메소드가 끝날 때까지이다. j는 이 메소드 내에서 선언된 블록에서만 접근이 가능하다. 그러므로 이 범위를 벗어난 곳에서의 접근은 에러이다. i는 블록 내에서의 접근이 가능하다. 왜냐하면 i가 지역 변수이지만 블록 외부에 선언되어있으므로 블록 내에서도 접근이 가능하다. 물론 블록 내에서 i 변수를 새로이 정의하면 에러를 유발시킨다.

localVarTest2에서는 메소드나 생성자의 인자로서의 지역 변수의 예를 보여주고 있다. 인자 리스트에서 선언된 i는 이 메소드를 벗어나게 되면 더 이상 존재하지 않는 지역 변수이다.

localVarTest3에서는 for문의 초기화 영역에 선언된 변수의 예를 보여주고 있다. 이 경우 for문의 초기화 영역에 선언된 변수 i는 지역변수이고 이는 for문의 제어가 영향을 미치는 범위에서만 존재하고 사라진다.

localVarTest4에서는 예외 처리문에서 선언된 변수의 예를 보여주고 있다. 이 경우 예외 처리문에서 지역변수 t를 선언하였다. 이는 선언된 catch 블록 전체에 영향을 미친다.

위의 프로그램에서 보여주듯이 지역변수는 선언된 영역에서만 접근이 가능하다. 하지만 멤버 변수의 경우 우선 멤버 함수에서는 모두 접근이 가능하다. 그리고 멤버 변수의 접근 지정자에 따라서 외부의 접근이 결정된다.

6.5 ▶ this

다음의 프로그램을 자세히 살펴보기 바란다.

```java
PersonExam.java ⊠
1  class Person{
2      private int age;
3      private String name;
4
5      public Person(String n){
6          age = 0;
7          name = n;
8      }
9
10     public Person(int a,String n){
11         age = a;
12         name = n;
13     }
14
15     public void showData(){
16         System.out.println("Age : " + age);
17         System.out.println("Name : " + name);
18     }
19 }
20
21 public class PersonExam{
22     public static void main(String[] args){
23         Person a = new Person(30,"a");
24         Person b = new Person(25,"b");
25
26         a.showData();   // 1.
27         b.showData();   // 2.
28     }
29 }
```

위의 코드에서 보면 main 메소드에서 이름은 a이고 나이는 30인 객체와 이름이 b이고 나이가 25인 객체가 생성되었다. 이들 각각은 showData()메소드를 호출하여 이들의 내용을 출력하였다. 그리고 showData()의 메소드는 Person클래스에 정의되어있다. 이 코드를 보면 단지

```
System.out.println("Age : " + age);
System.out.println("Name : " + name);
```

라고만 코드가 작성되어 있는데, 어떻게 각 객체마다의 내용을 정확히 출력이 가능할까? 멤버 메소드에서 사용되는 멤버 필드의 앞에는 this라는 참조 변수의 지정이 생략되어있다.

위의 프로그램은 아래와 같다.

```
class Person{
  private int age;
  private String name;

  public Person(String n){
    this.age = 0;
    this.name = n;
  }

  public Person(int a,String n){
    this.age = a;
    this.name = n;
  }

  public void showData(){
    System.out.println("Age : " + this.age);
    System.out.println("Name : " + this.name);
  }
  }

  public class PersonExam{
  public static void main(String[] args){
    Person a = new Person(30,"a");
    Person b = new Person(25,"b");

    a.showData();   // 1.
    b.showData();   // 2.
  }
}
```

   this는 객체 자신을 가리키는 참조형 변수이다. a.showData()가 호출되고 Person 클래스의 showData 메소드가 수행될 때 this는 이 메소드를 호출하는 객체, 즉 a가 참조하는 대상체를 가리킨다. 그러므로 a의 내용이 출력이 되고, b.showData()가 호출될 때 this는 b가 참조하는 대상체를 가리킨다. 그러므로 b의 내용이 출력되게 된다. 객체를 생성하면 각 객체마다 그 자신을 가리키는 레퍼런스 변수 this가 있다.

   this는 지역 변수와 멤버 변수와의 구분을 위해서도 사용된다. 위의 예에서 Person 생성자는 나이나 이름에 대한 변수를 받아들인다. 만약 생성자에서의 인자리스트에 쓰인 변수명이 멤버 변수명과 동일하다면 어떻게 될까? 즉 위의 생성자 부분을 다음과 같이 바꾸어 보라.

```
public Person(String name){
  age = 0;
  name = name;
}

public Person(int age,String name){
  age = age;
  name = name;
}
```

이와 같이 지역 변수명와 멤버 변수명이 같을 경우 지역변수가 우선이다. 위와 같은 생성
자를 쓴 경우 컴파일 에러는 아니지만 원하는 결과를 얻을 수는 없다. 이러한 경우 this를 사
용하여 명확히 해주면 문제를 해결할 수 있다.

```
public Person(String name){
  this.age = 0;
  this.name = name;
}

public Person(int age,String name){
  this.age = age;
  this.name = name;
}
```

지역 변수명과 멤버 변수명이 충돌할 경우 this 참조 변수를 이용하여 이를 명확하게 해주
는 용도로 사용된다.

🌱 6.6 메소드와 전달 인자

메소드 호출 시에 인자를 전달한다. 이 때 호출하는 쪽의 인자를 실인자 라 하고 호출되는
쪽의 인자를 허인자라고 한다. 자바에서는 인자를 전달하는 방식이 값에 의한 호출(Call by
value)이다. 실인자의 값이 허인자의 값으로 복사되어서 들어간다. 인자의 타입이 기본형이
면 값 자체가 복사되어서 넘어가고 참조형이면 참조 값이 넘어간다.

아래의 예제를 보고 결과를 예측해 보기 바란다.

```
[J] CallByExam1.java ⊠
 1  class SwapValue{
 2      private void swap(int i,int j){
 3          int temp = 0;
 4          temp = i;
 5          i = j;
 6          j = temp;
 7      }
 8
 9      public void swapTest(){
10          int first = 3;
11          int second = 4;
12
13          System.out.println(first);
14          System.out.println(second);
15
16          swap(3,4);
17
18          System.out.println(first);
19          System.out.println(second);
20      }
21  }
22
23  public class CallByExam1{
24      public static void main(String[] args) {
25          SwapValue swaper = new SwapValue();
26          swaper.swapTest();
27      }
28  }
```

결과는 다음과 같다.

```
[Console] ⊠
<terminated> CallByExam1 [Java Application] C:\Program Files\Java\jre1.8.0_101\bin\javaw.exe (2016. 9. 14.
3
4
3
4
```

swap이라는 메소드를 호출했지만 first값과 second값에는 아무런 영향도 미치지 않았다. 이것은 swapTest 메소드에서 swap 메소드를 호출할 때 first, second이 i, j로 값이 복사되어서 넘어가기 때문이다. 위에서 first, second, i, j는 모두 스택에 생성되는 스택 변수이다. 즉 다음과 같은 상태이다.

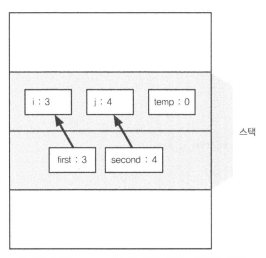

[그림 6.5] swap 메소드 호출시의 메모리 상황

여기서 값을 바꾸어보아도 원본(호출한 쪽의 실인자)에는 어떠한 영향도 미치지 않는다.

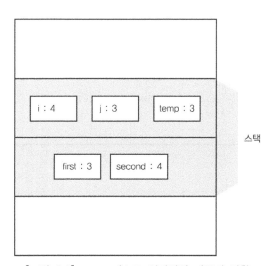

[그림 6.6] swap 메소드 처리시의 메모리 상황

위의 그림은 복사된 변수의 값을 변화한 상태를 나타낸 것이다. 그림에서 보듯이 원본에는 어떠한 영향도 미치지 않았다.

그럼 이제 전달인자가 기본형이 아닌 참조형인 경우를 보자.

```
J CallByExam2.java ⅘
 1  class Item{
 2      public int value;
 3
 4      public Item(int i){
 5          value = i;
 6      }
 7  }
 8
 9  class SwapReference{
10      private void swap(Item a,Item b){
11          Item temp;
12          temp = a;
13          a = b;
14          b = temp;
15      }
16
17      public void swapTest(){
18          Item first = new Item(3);
19          Item second = new Item(4);
20
21          System.out.println(first.value);
22          System.out.println(second.value);
23
24          swap(first,second);
25
26          System.out.println(first.value);
27          System.out.println(second.value);
28      }
29  }
30
31  public class CallByExam2{
32      public static void main(String[] args) {
33
34          SwapReference swaper = new SwapReference();
35          swaper.swapTest();
36      }
37  }
```

결과가 아래와 같이 나왔다.

```
Console ⅘                                                    
<terminated> CallByExam2 [Java Application] C:\Program Files\Java\jre1.8.0_101\bin\javaw.exe (2016. 9. 14.
3
4
3
4
```

왜 이러한 일이 생겼을까? 자바의 인자 전달 방식이 값에 의한 호출이기 때문이다. 위의 예에서 swap()호출에서의 실인자 first, second은 허인자 a, b에 참조 값을 복사하는 형태로 넘어간다. 즉 아래와 같은 상황이 되는 것이다(first와 second의 참조 값이 각각 100, 200이라고 하자).

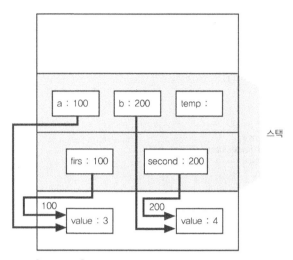

[그림 6.7] swap 메소드 호출시의 메모리 상황

여기서 객체를 참조하는 참조 값을 바꾸어보아도 원본(호출한 쪽의 실인자)에는 어떠한 영향도 미치지 않는다. 그러므로 swap이 호출된 후에도 동일한 대상체를 가리킨다.

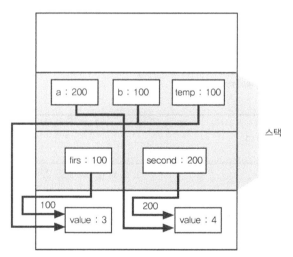

[그림 6.8] swap 메소드 처리시의 메모리 상황

그러나 만약 참조의 형태로 인자값이 넘어온 경우 객체의 필드값을 바꾸든지 아니면 객체의 상태에 변경을 주는 메소드를 호출하면 그 객체의 실제 내용이 바뀌게 된다. 다음의 예제를 보라.

```
CallByExam3.java ⊠
 1  class Item{
 2      public int value;
 3
 4      public Item(int i){
 5          value = i;
 6      }
 7  }
 8
 9  class SwapReference{
10      private void swap(Item a,Item b){
11          Item temp;
12          temp = a;
13          a = b;
14          b = temp;
15      }
16
17      public void swapTest(){
18          Item first = new Item(3);
19          Item second = new Item(4);
20
21          System.out.println(first.value);
22          System.out.println(second.value);
23
24          swap(first,second);
25
26          System.out.println(first.value);
27          System.out.println(second.value);
28      }
29  }
30
31  public class CallByExam3{
32      public static void main(String[] args) {
33
34          SwapReference swaper = new SwapReference();
35          swaper.swapTest();
36      }
37  }
```

위의 결과는 다음과 같다.

```
Console ⊠                          ⊠ ✖ ✖ | ⊛ ⊞ | ⊟ ⊟ | ⊡ ⊡ ▾ ⊡ ▾ ⊡ ▾ ⊡ ⊟
<terminated> CallByExam4 [Java Application] C:\Program Files\Java\jre1.8.0_101\bin\javaw.exe (2016. 9. 14.
3
4
4
3
```

swap() 메소드를 보면 객체의 필드 값을 바꾸고 있다. 이는 참조 변수를 이용하여 객체의 실제 내용을 바꾸고 있다. 아래의 그림은 바뀐 후의 내용을 보여주고 있다.

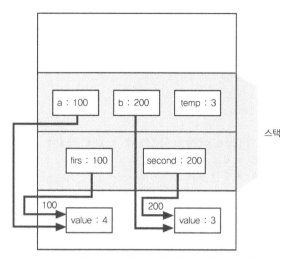

스택

[그림 6.9] swap 메소드 처리시의 메모리 상황

위의 프로그램에서는 객체가 가진 내용값이 바뀌었다. 이를 위하여 swap() 메소드의 실인 자로 Item 객체의 참조값을 넘겨주었다. 호출된 swap() 메소드의 허인자 a, b는 실인자 first, second가 가리키는 객체를 가리킨다. 즉 a, b를 이용하여 참조하는 객체의 내용을 변 화시키면 실제 객체의 내용에 변화를 가져오고 이는 swap 메소드 호출이 끝난 후 first와 second 참조 변수에 의해 접근해 보면 객체의 내용이 변화되었음을 확인할 수 있다.

6.7 메소드 오버로딩

아래는 덧셈기를 생성하는 코드이다. 아래의 코드에서 문제점이 무엇인지를 발견해보라.

```
🗋 AdderOverExam.java ⊠
 1  class AdderOver{
 2      public int IntegerAdd(int a,int b){
 3          int temp = 0;
 4          temp = a + b;
 5          return temp;
 6      }
 7      public int tripleIntegerAdd(int a,int b,int c){
 8          int temp = 0;
 9          temp = a + b + c;
10          return temp;
11      }
12      public double doubleAdd(double a,double b){
13          double temp = 0.0;
14          temp = a + b;
15          return temp;
16      }
17  }
18  public class AdderOverExam{
19      public static void main(String[] args){
20          int intRes = 0;
21          double doubleRes = 0.0;
22          AdderOver adder = new AdderOver();
23          intRes = adder.IntegerAdd(2,3);
24          System.out.println(intRes);
25          doubleRes = adder.doubleAdd(2.1,3.2);
26          System.out.println(doubleRes);
27      }
28  }
```

위 프로그램을 컴파일하고 수행하는데는 문제가 없다.

하지만 한 가지 생각해보라. 우리가 살아가면서 '2 와 3을 덧셈하라' 고 하지 '2와 3을 정수 덧셈하라' 고 하지는 않는다. 또 '2.1과 3.2를 덧셈하라' 고 하지 '2.1과 3.2를 실수 덧셈하라' 고 하지도 않는다. 즉 2와 3을 더하든 2.1과 3.2를 더하든 그냥 덧셈을 하라고 한다.

실제로 사용하는 계산기를 생각해보자. 더할 때는 오로지 덧셈 기호만 누르면 된다. 피연산자가 어떤 형태이든 상관하지 않는다. 위 프로그램의 문제점은 어떤 값을 더하는지에 따라서 메소드의 이름이 차이가 난다는 것이다. 만약 위 프로그램에서 어떤 값을 더하든지 더하는 행위는 모두 add라고 할 수는 없을까. 이것이 가능하게 해주는 것이 메소드 오버로딩이다.

메소드 오버로딩이란 동일한 메소드 명을 가진 메소드가 둘 이상 존재하는 것을 말한다.
그럼 호출시에 어떤 버전으로 호출되는 지는 어떻게 구별할까? 그것은 호출 시에 인자의 개
수나 타입에 의해 어떤 버전의 메소드로 호출될지가 결정된다. 다음은 메소드 오버로딩을 이
용하여 재작성한 코드이다.

```java
class AdderOver2{
    public int Add(int a,int b){
        int temp = 0;
        temp = a + b;
        return temp;
    }
    public int Add(int a,int b,int c){
        int temp = 0;
        temp = a + b + c;
        return temp;
    }
    public double Add(double a,double b){
        double temp = 0.0;
        temp = a + b;
        return temp;
    }
}
public class AdderOverExam2{
    public static void main(String[] args){
        int intRes = 0;
        double doubleRes = 0.0;
        AdderOver2 adder = new AdderOver2();
        intRes = adder.Add(2,3);
        System.out.println(intRes);
        doubleRes = adder.Add(2.1,3.2);
        System.out.println(doubleRes);
    }
}
```

위의 프로그램을 보자면 실수적인 덧셈을 하든 정수적인 덧셈을 하든 혹은 3개짜리의 정
수를 더하든 모두 add() 메소드를 호출해 주면 된다. 동일한 메소드명을 이용하여 호출하지
만 어느 메소드가 호출될지는 파라메터의 개수나 형에 따라 결정되는 메소드 오버로딩이다.
한 가지 주의할 것은 메소드 오버로딩에서 어느 메소드가 호출될지에 있어서 반환형은 영향

을 못 미친다는 점이다. 아래의 코드는 에러이다.

```java
*AdderOverExam2.java ☒
1  class AdderOver2{
2      public int Add(int a,int b){
3          int temp = 0;
4          temp = a + b;
5          return temp;
6      }
7      public int Add(int a,int b,int c){
8          int temp = 0;
9          temp = a + b + c;
10         return temp;
11     }
12     public double Add(int a, int b){
13         double temp = 0.0;
14         temp = a + b;
15         return temp;
16     }
17 }
18 public class AdderOverExam2{
19     public static void main(String[] args){
20         int intRes = 0;
21         double doubleRes = 0.0;
22         AdderOver2 adder = new AdderOver2();
23         intRes = adder.Add(2,3);
24         System.out.println(intRes);
25         doubleRes = adder.Add(2.1,3.2);
26         System.out.println(doubleRes);
27     }
```

위 프로그램을 작성한 사람은 1에서의 add()는 a 같은 방식으로 호출되고 2에서의 add()는 b 같은 방식으로 호출될 것이라고 생각할지도 모른다. 하지만 컴파일러는 애매하다고 에러를 던진다. 메소드의 반환값은 안 받을 수도 있기 때문에 반환값만을 가지고서는 어느 메소드가 호출될 지 확정짓지 못한다.

6.8 정적(static) 변수와 정적(static) 메소드

　객체는 행위와 속성을 가진다. 여기서의 속성은 객체의 상태를 나타내며 각각의 객체마다 자신의 멤버 변수로 이를 가지고 있다.　멤버 변수는 멤버 함수로써 조작이 가능하였다. 하지만 상황에 따라서 객체가 데이터를 관리하는 것이 아니라 클래스가 데이터를 가지고 있을 경우가 존재한다. 예를 들면, 자동차가 생성된 개수에 대한 데이터를 관리한다고 생각해보자. 이에 대한 정보를 모든 자동차 객체가 가지고 있을 필요가 있을까? 아마도 그러할 필요는 없을 것이다. 이에 대한 정보는 어느 한곳에서만 관리하면 되지 모든 객체가 이에 대한 정보를 가지고 관리할 필요는 없을 것이다. 이러한 경우 정적 변수를 사용하면 아주 효과적이다.

```java
class Car{

    public static int carNum=0;

    public Car(){
        System.out.println("Car Construct!");
        carNum++;
    }
}

public class StaticVariableExam{
    public static void main(String[] args){

        System.out.println("총 자동차 갯수 : " + Car.carNum);
        Car c1 = new Car();
        System.out.println("총 자동차 갯수 : " + Car.carNum);
        Car c2 = new Car();
        System.out.println("총 자동차 갯수 : " + Car.carNum);
    }
}
```

```
Console ⊠
<terminated> StaticVariableExam1 [Java Application] C:₩Program Files₩Java₩jre1.8.0_101₩bin₩javaw.exe (201(
총 자동차 갯수 : 0
Car Construct!
총 자동차 갯수 : 1
Car Construct!
총 자동차 갯수 : 2
```

　위의 예제에서 Car 클래스에 carNum이라는 변수는 지정자로 static을 가지는 정적 변수로 선언하였다. 멤버 변수처럼 생성된 Car 객체마다 이 변수를 가지는 것이 아니라 Car 클래스가 이 변수를 하나 가지고 있으며 모든 Car 객체가 이를 공유한다.

정적 변수는 클래스가 가지고 있으므로 클래스명을 통하여 접근된다. 물론 Car 클래스의 객체들이 이를 공유하므로 Car 클래스의 객체를 통하여서 접근이 가능하다(위의 경우 Car.carNum 대신에 c1.carNum이나 c2.carNum이라고 하여도 된다). 하지만 클래스를 통하여 접근하는 것이 더 타당하다. 왜냐하면 정적 변수는 객체 생성없이 클래스에 존재하는 변수이므로 어떠한 객체 생성 없이도 이는 존재하고 있다. 그러므로 클래스명을 통하여 접근하는 것이 더욱 타당한 것이다. 정적 메소드도 마찬가지이다. 이는 클래스가 가지고 있는 메소드이다. 위의 예제에서 자동차의 개수를 알려주는 정적 메소드를 작성하여 보자.

```java
StaticVariableExam1.java ⊠
 1  class Car{
 2
 3      private static int carNum=0;
 4      private int fuel;
 5
 6      public Car(){
 7          System.out.println("Car Construct!");
 8          carNum++;
 9      }
10
11      public static int getCarNum(){
12          //fuel = 100;  // 정적 메소드에서 비정적인 요소를 사용하지 못 함
13          return carNum;
14      }
15  }
16
17  public class StaticVariableExam1{
18      public static void main(String[] args){
19
20          System.out.println("총 자동차 갯수 : " + Car.getCarNum());
21          Car c1 = new Car();
22          System.out.println("총 자동차 갯수 : " + Car.getCarNum());
23          Car c2 = new Car();
24          System.out.println("총 자동차 갯수 : " + Car.getCarNum());
25      }
26  }
```

위의 예는 정적 메소드를 사용하는 예를 보여주고 있다. 정적 메소드 또한 클래스가 가지고 있는 메소드이므로 클래스를 통하여 사용이 가능하다. main() 메소드의 첫줄에서 보면 어떠한 객체 생성도 없이 현재 총 자동차 개수를 구해내고 있다.

정적 메소드 사용에 있어서 유의할 점이 있다. 정적 메소드에서 비정적 요소 사용은 에러 유발시킨다. 왜냐하면 비정적 요소는 객체와 관련을 가지고 있다. 객체가 생성되어야 존재하는 대상체인 반면에 정적 요소는 객체 생성과는 무관하게 존재한다. 정적 메소드에서 비정적인 멤버 변수나 멤버 메소드의 사용은 허용될 수 없다. 정적 메소드에서 정적 변수나, 정적 메소드, 일반 변수의 사용은 상관없다. 하지만 일반 멤버 메소드에서 정적 변수나 정적

메소드를 사용하는 것은 허용된다.

정적 메소드의 예에 대하여 좀더 살펴보자. 아마 가장 유명한 정적 메소드는 main() 메소드일 것이다. 위의 예에서 보면, main() 메소드의 선언은 public static void main(String[ ] args)이다. static이 붙었으므로 이는 정적 메소드이고 클래스가 가지고 있는 메소드이다. 이는 객체의 생성과 무관하게 존재하며 호출되어질 수 있다. main() 메소드를 호출하는 것은 무엇일까? 이는 자바 가상 머신이다. 자바 프로그램을 실행할 때 "java 클래스명"의 형태로 명령을 내린다. 위의 경우는 "java StaticVariableExam"라고 명령을 내린다. 그러면 자바 가상 머신은 해당 클래스 파일을 로딩하고 StaticVariable-Exam.main() 메소드를 찾아서 호출하게 된다. 이때 main() 메소드는 정적이고 public 하므로 외부에서 접근 가능하고 클래스를 통하여 호출 또한 가능하다.

6.9 final 지정자

final 지정자는 여러 곳에 붙을 수 있다. final이 멤버 변수 앞에 붙을 수도 있고 멤버 메소드 앞에 붙을 수도 있으며 클래스 앞에 붙을 수도 있다. 멤버 변수 앞에 붙을 때를 먼저 살펴보자. final이 꼭 멤버 변수에만 붙는 것은 아니다. 일반 변수 앞에도 붙을 수 있다. 하지만 두 경우 모두 값을 변화 시킬 수 없는 상수화가 된다는 점에서는 동일하므로 여기서는 멤버 변수에 대한 것을 예로 든다.

프로그램 상에서 상수를 바로 쓰는 것보다는 이에 대한 이름을 붙여서 사용하면 프로그램에 대한 읽기가 쉬워지고 상수를 고칠 때 효과적이다. 자바에서는 멤버변수나 일반 변수 앞에 final이라는 키워드가 붙으면 해당 변수는 상수화 되어서 값을 변화시킬 수 없다. 상수는 프로그램 수행 중에 값을 고칠 수 없고 여러 객체에서 참조만 하면 되는 값이므로 정적(static)으로 클래스에 둔다.

우선 사용자 정의 상수를 사용하지 않은 경우를 먼저 보자.

```
CircleExam.java ☒
 1  class Circle{
 2      private int radius;
 3
 4      public Circle(int r){
 5          radius = r;
 6      }
 7
 8      public double calcurateArea(){
 9          return 2*3.14*radius;
10      }
11
12      public double calcurateCircumFerence(){
13          return radius*radius*3.14;
14      }
15  }
16
17  public class CircleExam{
18      public static void main(String[] args){
19
20          Circle c1 = new Circle(5);
21          System.out.println("반지름 5의 원주 : " + c1.calcurateCircumFerence())
22          System.out.println("반지름 5의 넓이 : " + c1.calcurateArea());
23      }
24  }
```

위의 프로그램을 보면 프로그램 상에서 원주율 3.14를 바로 사용하고 있다. 3.14가 원주율인지 많은 사람이 아니까 별 문제는 없지만 그렇지 않으면 이것이 무엇을 의미하는지 알기가 쉽지 않을 것이다. 그리고 원의 둘레나 넓이를 구하는데 있어서 정확도를 높이기 위해 원주율의 값을 변화시킨다면 프로그램 상에서 3.14가 쓰인 부분을 다 바꾸어야 한다. 이는 수정이 잘못될 경우 바로 에러로 직결이 될 수도 있고 실수로 고쳐야 할 부분을 빼 먹을 수도 있다. 이의 단점을 사용자 정의 상수를 이용하면 한 번에 해결할 수 있다.

```
CircleExam1.java ⊠
 1  class Circle{
 2
 3      private final static double PI = 3.14;
 4      private int radius;
 5
 6      public Circle(int r){
 7          radius = r;
 8      }
 9
10      public double calcurateArea(){
11          return 2*PI*radius;
12      }
13
14      public double calcurateCircumFerence(){
15          return radius*radius*PI;
16      }
17  }
18
19
20  public class CircleExam1{
21      public static void main(String[] args){
22
23          Circle c1 = new Circle(5);
24          System.out.println("반지름 5의 원주 : " + c1.calcurateCircumFerence())
25          System.out.println("반지름 5의 넓이 : " + c1.calcurateArea());
26      }
27  }
```

위의 프로그램에서는 3.14를 PI로 정의하였다. 그리고 calcurateCircumFerence() 메소드나 calcurateArea() 메소드에서 3.14 대신에 PI를 사용하였다. 이렇게 함으로 해서 우선 프로그램의 가독성이 좋아졌다. 그리고 원주율을 3.14대신 3.1415처럼 좀 더 정확도를 높이고자 할 경우도 PI 부분의 정의만 바꾸어 주면 모든 처리가 끝난다. 이렇게 사용자 정의 상수를 사용하면 프로그램의 가독성이 좋아지고 코드의 관리를 효율적으로 할 수 있다.

:: Chapter **7**

문자열

7.1 소개

문자열은 " " 사이의 일련의 문자들의 열이다. 예를 들면 "Hello World", "안녕하세요" 등이 문자열이다. 자바에서의 문자열은 C에서처럼 널문자로 끝나는 문자들의 배열이 아니라 java.lang.String 클래스의 객체이다.

String 클래스의 객체를 생성하고 사용하여 보자.

```
public class StringExam{
  public static void main(String[] args){
    String strMessage = new String("Hello World");
     System.out.println(strMessage);
  }
}
```

위의 예를 보면 "Hello World"라는 String 객체를 생성하여 이것을 strMessage라는 String 참조 변수를 이용하여 가리키고 있다.

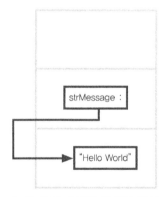

[그림 7.1] 스트링 객체의 생성

자바에서의 스트링은 java.lang.String 클래스의 객체이다. java.lang.String 클래스의 속성과 행위를 사용할 수 있다. 어떠한 메소드와 속성이 있는지 알아보자.

[표 7.1] java.lang.String의 주요 생성자와 메소드

java.lang.String의 주요 생성자	
String()	빈 문자열을 표현하는 스트링을 생성
String(byte[] bytes)	특정 바이트 배열로부터 스트링을 생성
String(char[] chars)	문자 배열에 포함되어있는 문자열대로의 새로운 스트링을 생성
java.lang.String의 주요 메소드	
char charAt(int index)	해당 인덱스의 문자를 되돌린다.
String concat(String str)	인자로 넘어온 스트링을 덧붙인 스트링을 되돌인다
boolean equals (Object anotherObject)	이 메소드를 호출하는 스트링과 anotherObject의 내용을 비교한다.
int indexOf(String str)	해당 str 스트링이 가장 먼저 나오는 부분의 위치값을 되돌린다.
int length()	이 스트링의 길이를 되돌린다.
String replace (char oldChar, char newChar)	이 스트링에서 나타나는 oldChar를 newChar로 모두 바꾼 스트링을 구해서 되돌린다
String toLowerCase()	이 스트링에서의 모든 문자들을 소문자 형태로 변환시킨 스트링을 구해서 되돌린다.
String toUpperCase()	이 스트링에서의 모든 문자들을 대문자 형태로 변환시킨 스트링을 구해서 되돌린다.

다음은 자바에서 스트링은 객체로 취급하므로 위의 메소드를 사용할 수 있다. 위의 메소드 외에도 많은 메소드가 제공되어지니 API 문서를 꼭 참조하기 바란다.

```java
public class StringExam{
    public static void main(String[] args){

        String strMsg = new String("Hello World");
        int strLength = 0;
        char firstChar;

        System.out.println("String : " + strMsg);
        strLength = strMsg.length();
        System.out.println("Length : " + strLength);
        firstChar = strMsg.charAt(0);
        System.out.println("The First Char : " + firstChar);
        strMsg = strMsg.toLowerCase();
        System.out.println("The Changed String : " + strMsg);
    }
}
```

```
Console ☒                                    ⊞ ✖ ✖ | ▣ 🔲 ▦ | 🔲🔳 ⮌ 🔲 ▾ 🔲 ▾ ⊟ 🔲
<terminated> StringExam [Java Application] C:\Program Files\Java\jre1.8.0_101\bin\javaw.exe (2016. 9. 14. 오후 3:46:33)
String : Hello World
Length : 11
The First Char : H
The Changed String : hello world
```

자바에서 스트링은 객체이므로 이를 생성하기 해서 new를 사용한다. 스트링은 기본형같이 선언과 동시에 정의를 하는 형태로도 사용이 가능하다.

```
HelloString.java ☒                                                            ⊟ 🔲
1  public class HelloString{
2      public static void main(String[] args){
3          String strMsg = "Hello World";
4          System.out.println(strMsg);
5          System.out.println("Message Size : " + strMsg.length());
6      }
7  }
8  |
```

물론 new를 통하여 객체를 생성하여서 사용하는 것과는 차이점이 있다. new를 이용하여 스트링을 생성하는 경우는 이의 객체가 힙에 생성이 되지만 선언과 동시에 값을 정의하는 형태는 해당 스트링을 클래스 내에 리터럴 형태로 가지고 있고 이 대상체를 참조한. 사용 에는 둘이 크게 차이가 없지만, 스트링 객체를 비교할 경우 크게 차이를 나타낸다.

7.2 문자열의 비교 연산

스트링이 객체이기 때문에 우리는 이를 조작하는데 있어 스트링 메소드들만 잘 알면 된다. [표 7.1] 테이블에서 메소드 중에 equals() 가 있다. 이는 스트링의 내용을 비교하는 메소드이다. 2장의 연산자에서 == 연산자 또한 동등한지를 비교하는 연산자였다.

다음의 예제를 보고 결과가 어떻게 나올지를 예측해보라.

```
StringEqualsExam.java ⊠                                                          ─ ☐
1  public class StringEqualsExam{
2      public static void main(String[] args){
3
4          String str1 = new String("Hello World");
5          String str2 = new String("Hello World");
6
7          if(str1 == str2)
8              System.out.println("str1 == str2");
9          else
10             System.out.println("str1 != str2");
11
12         if(str1.equals(str2))
13             System.out.println("str1 is equal to str2");
14         else
15             System.out.println("str1 is not equal to str2");
16     }
17 }
18
```

```
Console ⊠
<terminated> StringEqualsExam [Java Application] C:\Program Files\Java\jre1.8.0_101\bin\javaw.exe (2016. 9. 14. 오후 3:2
str1 != str2
str1 is equal to str2
```

왜 이런 결과가 나왔을까. 그것은 둘 다 비교 연산을 행하지만 비교하는 대상이 다르기 때문이다. == 연산은 변수의 값을 비교하는 연산을 행하고 equals()는 내용을 비교하는 행위를 행하기 때문이다.

위의 상황을 그림으로 표현하면 아래와 같다.

str1과 str2의 참조 대상체가 100, 200 위치에 존재하고 이에 대한 참조값으로 100, 200을 가진다라고 하자.

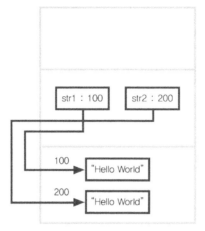

[그림 7.2] 동일한 내용의 서로 다른 스트링 객체의 생성

위의 예에서 == 연산은 참조변수 str1과 str2의 참조 값을 비교한다. 그러므로 str1과 str2의 참조값의 비교는 false를 되돌리지만 equals() 메소드는 str1과 str2가 참조하는 대상체의 내용을 비교하므로 true를 되돌린다.

스트링은 기본형 같이 선언과 동시에 정의를 하는 형태로도 사용이 가능하다. 스트링 객체를 비교할 경우 new를 통한 생성과 선언과 동시에 정의를 하는 경우와의 차이점을 알아보겠다.

```java
public class StringEqualsExam1{
    public static void main(String[] args) {

        String strMsg1 = "Hello World";
        String strMsg2 = "Hello World";
        String strMsg3 = new String("Hello World");
        String strMsg4 = new String("Hello World");

        if(strMsg1 == strMsg2)
            System.out.println("strMsg1과 strMsg2이 같은 곳을 참조하고 있습니다.");
        else
            System.out.println("strMsg1과 strMsg2이 다른 곳을 참조하고 있습니다.");

        if(strMsg1.equals(strMsg2))
            System.out.println("strMsg1과 strMsg2가 참조하는 곳의 내용이 같습니다.");
        else
            System.out.println("strMsg1과 strMsg2가 참조하는 곳의 내용이 다릅니다.");

        if(strMsg3 == strMsg4)
            System.out.println("strMsg3과 strMsg4이 같은 곳을 참조하고 있습니다.");
        else
            System.out.println("strMsg3과 strMsg4이 다른 곳을 참조하고 있습니다.");

        if(strMsg3.equals(strMsg4))
            System.out.println("strMsg3과 strMsg4가 참조하는 곳의 내용이 같습니다.");
        else
            System.out.println("strMsg3과 strMsg4가 참조하는 곳의 내용이 다릅니다.");
    }
}
```

결과는 다음과 같다.

```
🖥 Console ✕                                    ⬛ ✖ 🕸 | 🔁 🗗 🗗 🗐 | 🔗 🖵 ▾ 🗂 ▾ 🗖 🗖
<terminated> StringEqualsExam1 [Java Application] C:\Program Files\Java\jre1.8.0_101\bin\javaw.exe (2016. 9. 14. 오후 3:
strMsg1과 strMsg2이 같은 곳을 참조하고 있습니다.
strMsg1과 strMsg2가 참조하는 곳의 내용이 같습니다.
strMsg3과 strMsg4이 다른 곳을 참조하고 있습니다.
strMsg3과 strMsg4가 참조하는 곳의 내용이 같습니다.
```

이것은 위의 예제가 내부적으로 어떻게 산출되는 가를 보면 명확해진다.

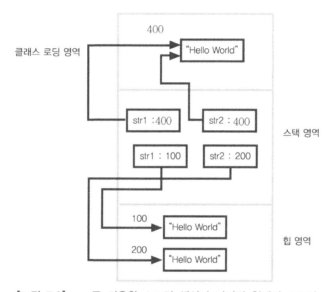

[그림 7.3] new를 이용한 스트링 생성과 리터럴 형태의 스트링

위의 예에서 보듯이 new를 이용하여 스트링을 생성할 경우는 이의 객체가 힙에 생성되지만 선언과 동시에 값을 정의하는 형태에서는 해당 스트링을 클래스 내에 리터럴 형태로 가지고 있고 이 대상체를 참조하고 있는 형태를 띤다. 그러므로 strMsg1과 strMsg2는 같은 내용을 가지는 다른 두 개의 스트링 객체를 가리키고 strMsg3와 strMsg4는 동일한 대상체를 가리키게 된다. 그러므로 위와 같은 결과를 산출하였다.

스트링이 new를 통해서 생성을 한 경우와 리터럴 형태로 존재하는 경우, 어떤 경우든 내용을 비교할 때는 equals() 메소드를 사용해야 한다. 스트링에서 ==은 동일한 대상체를 가리키는 가를 비교하는 작용을 한다. equals() 메소드는 java.lang.Object 클래스의 멤버 함수이고 이를 java.lang.String 클래스에서 오버라이딩을 하였다.

7.3 스트링에서의 + 연산

자바에서는 스트링의 + 연산을 허용한다. 스트링과 스트링에 대한 + 연산의 결과는 두 스트링을 결합한다. 만약 참여하는 피연산중 하나는 스트링이지만 나머지 하나는 기본 데이터형일 경우 데이터를 나타내는 문자열로 변환하여 연산을 행하고, 객체일 경우는 객체의 toString() 메소드를 호출하여 스트링 객체를 만든 후 이를 이용하여 문자열 결합을 한다.

```java
class Car{
    int fuel;

    public Car(){
        fuel = 100;
    }

    public int getFuel(){
        return fuel;
    }
}

public class StringAddExam{
    public static void main(String[] args){

        String string1 = "Hello ";
        String string2 = "World";
        int temp = 3;
        Car car = new Car();
        String tempString;

        tempString = string1 + string2;     //1. 스트링과 스트링간의 덧셈
        System.out.println(tempString);

        tempString = "The Value of temp : " + temp;   //2. 스트링과 기본형과의 덧셈
        System.out.println(tempString);


        tempString = "The String of car : " + car;    //3. 스트링과 객체와의 덧셈
        System.out.println(tempString);
    }
}
```

위의 프로그램의 결과는 다음과 같다.

```
📃 Console ⌗                                                    ▣ ✖ ✖ | ▦ ▦ ▦ ▣▣ | ▱ ▫ ▾ ▱ ▾ ▭ ▭
<terminated> StringAddExam [Java Application] C:\Program Files\Java\jre1.8.0_101\bin\javaw.exe (2016. 9. 14. 오후 3:17:2
Hello World
The Value of temp : 3
The String of car : Car@15db9742
```

소스 코드에서는 스트링의 세 가지 연산에 대하여 다루고 있다. 첫째는 스트링과 스트링의 덧셈, 둘째는 스트링과 기본형과의 덧셈, 셋째는 스트링과 객체와의 덧셈이다.

스트링과 스트링의 덧셈은 스트링간의 연결을 의미한다. 위의 코드의 1에서 보듯이 "Hello"라는 스트링과 "World"라는 스트링의 덧셈은 두 스트링을 연결시켜서 "Hello World"라는 스트링을 생성한다. 스트링과 기본형과의 덧셈은 기본형을 스트링처럼 취급하여서 스트링 덧셈을 한다. 위의 코드에서 2부분이 이에 해당한다. 스트링과 객체와의 덧셈은 스트링과 객체가 가진 toString() 메소드를 호출하여 생성된 스트링과의 덧셈으로 처리한다. 위의 코드에서 3부분을 보자면 "The String of car : " 스트링과 Car 클래스의 객체를 참조하는 car 객체와의 덧셈을 행하고 있다. 이 경우 car 객체의 멤버 메소드인 toString()을 호출하여 반환되는 스트링을 이용하여 덧셈 연산을 행한다. toString() 메소드는 자바의 클래스 구조에서 최상위 구조에 해당하는 Object 클래스에 존재한다. 이를 하위 클래스에서 오버라이딩 하면 원하는 형태의 스트링을 산출하는 메소드로 만들 수 있다.

🌑 7.4 스트링 버퍼 클래스

자바의 스트링은 한번 생성하면 변하지 않는(immutable) 성질이 있다. 다음의 예제를 보라.

```
StringImmutable.java ⊠
 1  public class StringImmutable{
 2      public static void main(String[] args){
 3          String str1 = new String("Hello World");
 4          String str2;
 5
 6          str2 = str1.toUpperCase();
 7          System.out.println("str1 : " + str1);
 8          System.out.println("str2 : " + str2);
 9          System.out.println("str1 : " + str1);
10      }
11  }
12
```

이 프로그램의 결과는 다음과 같다.

```
Console ⊠
<terminated> StringImmutable [Java Application] C:\Program Files\Java\jre1.8.0_101\bin\javaw.exe (2016. 9. 14. 오후 3:46
str1 : Hello World
str2 : HELLO WORLD
str1 : Hello World
```

왜 이런 결과가 나왔을까? 위의 예제를 보면

```
str2 = str1.toUpperCase()
```

라고 했을 때 str1의 toUpperCase()라는 메소드를 호출하였을 때 str1의 객체 내용이 대문
자로 변하는 것이 아니라, str1의 새로운 객체를 생성하고 이의 내용을 대문자로 변환시켜서
이를 str2가 참조한다. str1의 객체가 변하는 것은 아니다. 다음과 같은 작업의 결과이다.

```
str1가 참조하는 새로운 스트링을 생성하고
이 새로운 스트링의 내용을 대문자로 변환시킨다.
새로이 생성된 스트링을 str2가 참조한다.
```

str1 객체 자체를 변화시키는 것이 아니라 새로운 스트링을 생성하는 것이다. 이렇듯 스트

링 객체의 연산은 내부적으로 많은 연산을 유발하여 속도를 저하시킨다. 그러므로 스트링 객체의 내용을 변화시킬 때를 위해 스트링 버퍼 클래스를 제공하고 있다. 스트링의 내용을 변화시키는 연산을 행하지 않을 경우는 스트링 객체를 생성하고 그렇지 않을 경우는 스트링 버퍼 객체를 사용하기 바란다.

[표 7.2] StringBuffer 클래스의 주요 생성자와 메소드

java.lang.StringBuffer 주요 생성자	
StringBuffer()	초기의 용량이 16문자인 빈 문자열을 가진 스트링 버퍼를 생성한다.
StringBuffer(int length)	초기의 용량을 특정 길이만큼 설정한 빈 문자열을 가진 스트링 버퍼를 생성한다
StringBuffer(String str)	스트링 문자열과 동일한 형태를 가지는 스트링 버퍼를 생성시킨다.
StringBuffer(String original)	인자와 동일한 형태를 가지는 스트링 객체를 새로이 생성

java.lang.StringBuffer 주요 메소드	
StringBuffer append (String str)	해당 스트링 버퍼 뒤에 스트링을 덧붙인다.
int capacity()	현재 스트링의 용량을 되돌린다.
char charAt(int index)	스트링 버퍼에서 해당 인텍스가 가리키는 문자를 되돌린다.
int indexOf(String str)	해당 str 스트링이 가장 먼저 나오는 부분의 위치값을 되돌린다.
StringBuffer insert (int offset, String str)	해당 위치 offset 부분에 스트링을 첨가한다.
int length()	이 스트링 버퍼의 길이(문자의 개수)를 되돌린다. 용량을 알려면 capacity 메소드를 사용.
StringBuffer reverse()	스트링 버퍼의 포함된 문자열을 역순으로 만든 스트링 버퍼 객체를 만들어서 되돌린다.
String substring(int start)	스트링 버퍼 객체에서 명시적으로 입력된 해당 위치값 이후의 문자열을 스트링 형태로 변환하여서 되돌린다.
String substring (int start, int end)	스트링 버퍼 객체에서 명시적으로 입력된 시작점과 끝점 사이의 문자열을 스트링 형태로 변환하여서 되돌린다.

```
StringBufferMutable.java ⊠
 1  public class StringBufferMutable{
 2      public static void main(String[] args){
 3          String str = "This is an example of StringBuffer.";
 4          StringBuffer strbuf = new StringBuffer(str);
 5          System.out.println(strbuf);
 6          strbuf.append(" StringBuffer is mutable");    // 1. append 메소드 호출
 7          System.out.println(strbuf);
 8      }
 9  }
10
```

```
Console ⊠
<terminated> StringBufferMutable [Java Application] C:\Program Files\Java\jre1.8.0_101\bin\javaw.exe (2016. 9. 14. 오후
This is an example of StringBuffer.
This is an example of StringBuffer. StringBuffer is mutable
```

위의 프로그램에서 str은 스트링 클래스의 객체를 참조하고 strbuf는 스트링 버퍼 클래스의 객체를 참조하고 있다. strbuf의 append() 메소드를 호출하여 str 스트링 객체부분을 첨가시켰다. 이 경우 새로이 객체를 생성하여 이를 처리하는 것이 아니라 strbuf가 가리키는 스트링 버퍼의 객체를 확장시켜서 이를 처리한다. 그러므로 문자열의 내용을 변화시킬 때는 처리의 성능 향상을 위하여 스트링 버퍼 객체를 사용하기 바란다.

7.5 스트링 토큰나이저 클래스

스트링 토큰나이저 클래스는 스트링을 분리자 별로 나누어서 토큰화 해준다. 토큰은 구분된 단어다. 프로그램을 작성하다 보면 형식화된 스트링에서 필요한 정보를 뽑아내어야 할 때가 있다. 이러한 경우 스트링 토큰나이저 클래스는 이러한 작업을 쉽게 처리하도록 도와준다. 스트링에서 토큰을 분리하는 분리자도 사용자가 정해줄 수 있으므로 확장성도 아주 뛰어나다.

[표 7.3] StringTokenizer 클래스의 주요 생성자와 메소드

java.util.StringTokenizer 주요 생성자	
StringTokenizer(String str)	특정 스트링 str에 대한 스트링 토크나이저 객체를 생성한다.
StringTokenizer (String str, String delim)	특정 스트링 str에 대한 스트링 토크나이저 객체를 생성한다. 분리자는 delim에 포함된 문자로 한다.

java.lang.StringTokenizer 주요 메소드	
int countToken()	예외를 발생하지 않고 호출할 수 있는 nextToken 메소드의 횟수를 계산한다.
boolean hasMoreTokens()	스트링 토크나이저에서 토큰을 뽑아낼 수 있는 지를 테스트하여 있으면 true, 없으면 false
String nextToken()	이 스트링 토크나이저로부터 다음번 토큰을 반환한다.

다음은 StringTokenizer의 예제이다. StringTokenizer는 java.util 패키지에 존재한다. 그러므로 java.util 패키지를 import시켜야한다.

```java
StringTokenizerExam.java

1  import java.util.*;
2
3  public class StringTokenizerExam{
4      public static void main(String[] args){
5
6          StringTokenizer st = new StringTokenizer("2003/01:17","/:");  // 1. 생성
7          String token;
8
9          token = st.nextToken();                    // 2. 토큰 분할
10         System.out.println("년 : " + token);
11
12         token = st.nextToken();
13         System.out.println("월 : " + token);
14
15         token = st.nextToken();
16         System.out.println("일 : " + token);
17     }
18 }
19
```

```
Console ☒                                    ▣ ✖ ✖ | ▣ ▣ ▣ ▣ ▣ | ▸ ▣ ▾ ▣ ▾ ▭ ▯
<terminated> StringTokenizerExam [Java Application] C:\Program Files\Java\jre1.8.0_101\bin\javaw.exe (2016. 9. 14. 오후
년 : 2003
월 : 01
일 : 17
```

:: Chapter **8**
상속

8.1 소개

프로그램을 작성하다 보면 많은 경우 기존의 프로그램과 비슷한 부분을 마주친다. 즉 기존의 프로그램의 코드를 재사용할 수 있는 가능성이 있다는 것이다. 어떤 클래스를 작성한다고 할 경우 모든 것을 새로이 정의하는 것이 아니라 기존의 클래스를 바탕으로 수정을 하거나 혹은 필요한 속성과 행위를 추가하는 방법으로 만든다면 훨씬 효율적일 것이다.

객체 지향에서 상속은 새로운 클래스를 정의할 때 처음부터 모든 것을 다 정의하지 않고 기존의 클래스들의 속성과 행위를 물려받고 필요한 속성과 행위를 추가하는 방법을 말한다. 이때 속성과 행위를 물려주는 클래스를 슈퍼 클래스 혹은 부모 클래스라고 하고 물려받는 클래스를 서브 클래스 혹은 자식 클래스라고 한다. 즉 서버 클래스는 슈퍼 클래스의 속성과 행위를 물려받는다. 이때 부모 클래스와 자식 클래스와의 관계를 is-a 관계라 한다. 그리고 이는 다음과 같이 표현한다.

[그림 8.1] 부모 클래스(슈퍼 클래스)와 자식 클래스(서브 클래스)와 상속 (is-a 관계)

우리가 살아가는 실세계에서도 이러한 일은 흔히 볼 수 있다. 예를 들어보자. 전투기를 만든다고 하면 어떻게 만들겠는가? 우리는 이미 비행기를 어떻게 만드는지 알고 다. 전투기는 기존의 비행기에서 전투를 할 수 있는 능력만 있으면 된다. 즉 총알과 이를 발사할 수 있는 행위만 기존의 비행기에 구현해 주면 전투기가 되는 것이다. 그러면 폭격기는 어떻게 만들 수 있겠는가? 폭격기는 기존의 비행기에 폭격을 할 수 있는 능력만 있으면 된다. 즉 폭탄과 이를 발사할 수 있는 행위만 기존의 비행기에 구현해 주면 폭격기가 된다. 그리고 이때 폭격기는 비행기다(폭격기는 비행기의 일종이다. Bomber is a Plane) 또는 전투기는 비행기다 (전투기는 비행기의 일종이다. Fighter is a Plane)라고 말할 수 있다. 하지만 그 역은 안 된다. 즉 '비행기는 폭격기이다' 혹은 '비행기는 전투기이다'는 말은 틀린 것이다.

이렇게 상속성이란 한 클래스가 다른 클래스로부터 모든 동작과 속성을 물려받도록 하는 메커니즘을 말한다.

상속를 이용해 구현해 보자. 자바에서는 상속을 위하여 extends라는 키워드를 사용한다. 사용법은 다음과 같다.

```
class SubClass extends SuperClass {

}
```

FighterExam.java

```java
 1  class Airplane {
 2      private int fuel;
 3
 4      public Airplane(){
 5          fuel = 100;
 6      }
 7
 8      public void takeOff(){
 9          System.out.println("Take Off");
10      }
11
12      public void fly(){
13          System.out.println("Fly");
14      }
15
16      public void land(){
17          System.out.println("Land");
18      }
19  }
20
21  class Fighter extends Airplane{
22      private int bullet;
23
24      public Fighter(){
25          bullet = 10;
26      }
27
28      public void fire(){
29          int i = 0;
30
31          for(i = 0;i < bullet;i++)
32              System.out.println("Tang");
33      }
34  }
35
36  public class FighterExam{
37      public static void main(String[] args){
38          Fighter f15 = new Fighter();
39          f15.takeOff();
40          f15.fly();
41          f15.fire();
42          f15.land();
43      }
44  }
```

```
Console ☒                                              
<terminated> FighterExam [Java Application] C:\Program Files\Java\jre1.8.0_101\bin\javaw.exe (2016. 9. 14. 오후 3
Take Off
Fly
Tang
Tang
Tang
Tang
Tang
Tang
Tang
Tang
Tang
Tang
Land
```

위의 예제에서 우리는 전투기 클래스(Fighter)를 만들었다. 속성으로는 bullet, 행위로는 fire가 있다. 하지만 FighterExam를 보면 Fighter의 객체를 생성하고 takeOff(), fly(), land() 메소드도 사용하고 있다. Fighter클래스가 Airplane 클래스로부터 상속을 받고 있기 때문에 가능하다. 즉 Airplane 클래스가 가진 속성과 메소드를 Fighter 클래스도 가지고 있다는 뜻이다.

상속은 코드의 재사용성을 증가시킨다. 위에서 보듯이 우리는 Fighter 클래스를 생성하는데 많은 코드를 사용하지 않았다. 재사용성은 많은 장점이 있다.

우선 생산성을 증가시킨다. 프로그램을 개발해보면 때때로 비슷한 작업을 많이 마주친다. 기존에 개발된 코드를 수정 보완해서 사용할 수 있는 곳을 많이 마주친다는 것이다. 그럴 때마다 매번 다시 작성하는 것 보다는 기존의 코드를 가지고 와서 약간 만 수정 보완한다면 노력과 시간을 많이 절약할 수 있을 것이다. 그리고 재사용성은 안정성을 높여준다. 왜냐하면 기존의 코드가 안정하다고 검증된 코드라면 위의 Airplane 클래스가 버그 없이 잘 수행되는 클래스로 검증이 된 것이라면 상속 받아 만들어진 Fighter 클래스 또한 버그가 들어갈 여지가 줄어드는 것이다. 만약 Fighter 클래스가 제대로 작동하지 않는다면 기존의 코드보다는 Fighter 클래스에서 새로이 첨가된 코드에 문제가 있을 확률이 높고 이것은 디버깅을 좀 더 편하게 해준다.

8.2 접근 제어자 protected

위의 예제를 보면 Fighter 클래스는 Airplane 클래스에서 상속을 받았다. 즉 Airplane 클래스의 멤버 변수와 멤버 함수를 물려받았다. 즉 Fighter 클래스는 fuel 멤버 변수를 가진다. 하지만 이를 사용할 수 있을까? 아래의 예를 보자.

```
class Fighter extends Airplane{
  private int bullet;

  public Fighter(){
    bullet = 10;
  }

  public void fire(){
    int i= 0;

    for(i = 0; i < bullet; i++)
        System.out.println("Tang");
  }

    public void fullFuel(){
        fuel = 100;
  }
}
```

위의 Fighter 클래스에 fullFuel() 이라는 메소드가 추가가 되었다. 그리고 이 메소드에서는 fuel 값을 100으로 만든다. 하지만 위의 코드는 에러를 유발 시킨다.

문제는 fuel이 Airplane 클래스에서 private하게 선언이 되어있다는 것이다. 클래스의 접근 제어자 중 private는 말 그대로 '개인적이다' 는 뜻이다. 즉 Airplane 클래스의 멤버 메소드를 제외하고는 그 누구도 이를 사용할 수 없다는 뜻이다. 이는 상속을 받은 클래스에서도 마찬가지이다. fuel 멤버 변수를 가지고만 있고 사용할 수 없다는 것은 Fighter 클래스의 입장에서는 불만이다. 이 문제는 간단히 Airplane 클래스의 fuel 멤버 변수를 public 하게 선언해 줌으로써 해결이 된다.

```
 1 class Airplane {
 2     public int fuel;
 3
 4     public Airplane(){
 5         fuel = 100;
 6     }
 7
 8     public void takeOff(){
 9         System.out.println("Take Off");
10     }
11
12     public void fly(){
13         System.out.println("Fly");
14     }
15
16     public void land(){
17         System.out.println("Land");
18     }
19 }
20
21 class Fighter extends Airplane{
22     private int bullet;
23
24     public Fighter(){
25         bullet = 10;
26     }
27
28     public void fire(){
29         int i = 0;
30
31         for(i = 0;i < bullet;i++)
32             System.out.println("Tang");
33     }
34 }
```

하지만 이는 또 다른 문제를 야기시킨다. 즉 캡슐화를 어기는 결과가 된다. 즉 이를 상속 받은 Fighter 클래스에서만 접근 가능한 것이 아니고 다른 클래스에서도 접근이 가능하다. 이러한 문제를 해결하기 위해 제시된 접근 제어자가 protected이다. protected는 상속을 받은 클래스에서는 접근을 허용하지만 외부에게는 private하게 하는 특성을 지닌다.

```java
🗋 FighterExam1.java ⊠
 1  class AirPlane{
 2      protected int fuel;
 3
 4      public AirPlane(){
 5          fuel = 100;
 6          System.out.println("AirPalne Default Construct");
 7      }
 8
 9      public AirPlane(int ifuel){
10          fuel = ifuel;
11      }
12
13      public void showFuel(){
14          System.out.println("The Total Fuel : " + fuel);
15      }
16  }
17
18  class Fighter extends AirPlane{
19      private int bullet;
20
21      public Fighter(){
22          // AirPlane 클래스의 디폴트 생성자가 호출됨
23          bullet = 10;
24      }
25
26      public Fighter(int ibullet){
27                  // AirPlane 클래스의 디폴트 생성자가 호출됨
28          bullet = ibullet;
29      }
30
31      public Fighter(int ibullet,int ifuel){
32          super(ifuel);    // public AirPlane(int ifuel) 형태의 생성자가 호출되도록
33          bullet = ibullet;
34      }
35
36      public void fire(){
37          for(int i = 0;i < bullet;i++)
38              System.out.println("Tang");
39      }
40  }
41
42  public class FighterExam1{
43      public static void main(String[] args){
44          Fighter f1 = new Fighter();
45          f1.showFuel();
46
47          Fighter f2 = new Fighter(5,200);
48          f2.showFuel();
49      }
50  }
51
52
```

```
Console ☒                                ⊕ ✖ ✖ | ⚙ ⚙ ⚙ | ⚙ ⚙ | ⚙ ⚙ ▾ ⚙ ▾ ⚙ ⚙
<terminated> FighterExam1 [Java Application] C:₩Program Files₩Java₩jre1.8.0_101₩bin₩javaw.exe (2016. 9. 14. 오후
AirPalne Default Construct
The Total Fuel : 100
The Total Fuel : 200
```

위의 예제에서 fuel은 protected 접근 제어를 가진다. 즉 fule은 외부에서는 접근이 안되지만 이를 상속한 쪽에서는 접근이 가능하다.

🌱 8.3 메소드 오버라이딩

상속을 통하여 부모 클래스에서 선언된 메소드를 자식 클래스에서 사용이 가능하다. 하지만 자식 클래스의 입장에서 부모 클래스가 물려주는 메소드는 무조건 그대로 물려 받아야만 할까? 예를 들면 자동차 클래스가 있고 이에서 상속 받은 경주용 자동차가 있다고 하자. 그리고 자동차 클래스에는 speedUp()이라는 메소드가 있는데 이는 자동차의 속도를 10씩 증가시키는 역할을 한다. 하지만 경주용 자동차는 일반 자동차와 달리 속도가 더 크게 증가한다. 즉 경주용 자동차의 speedUp()은 다르게 동작해야 한다.

부모 클래스에서 정의된 메소드를 자식 클래스에서 다시 정의할 수도 있는데 이것을 메소드 오버라이딩이라고 한다. 메소드 오버라이딩은 메소드의 행위를 재정의하는 것이므로 메소드의 프로토타입은 선조 클래스의 메소드와 동일하고 행위부만 차이가 난다.

```java
CarExam.java ☒
 1  class Car{
 2      protected int speed;
 3
 4      public Car(){
 5          speed = 0;
 6      }
 7
 8      public void start(){
 9          speed = 10;
10          System.out.println("Start ! Speed is " + speed);
11      }
12
13      public void speedUp(){
14          speed += 10;
15          System.out.println("Speed Up! Speed is " + speed);
16      }
17
18      public void stop(){
19          speed = 0;
20          System.out.println("Stop! Speed is " + speed);
21      }
22  }
23
24  class SportCar extends Car{
25      public SportCar(){
26          speed = 0;
27      }
28
29      public void speedUp(){
30          speed += 20;
31          System.out.println("Speed Up! Speed is " + speed);
32      }
33  }
34
35  public class CarExam{
36      public static void main(String[] args){
37          SportCar t1 = new SportCar();
38          SportCar s1 = new SportCar();
39
40          t1.start();
41          t1.speedUp();
42          t1.speedUp();
43          t1.speedUp();
44          t1.stop();
45
46          s1.start();
47          s1.speedUp();
48          s1.stop();
49      }
50  }
51
```

```
📋 Console 🔀                              ⬛ ✖ ❌ | 🔳 🔳 ⬛ | 📑 📑 ▾ | 🖃 🖳 ▾ 🖾 ▾ 🗂 🗖
<terminated> CarExam [Java Application] C:₩Program Files₩Java₩jre1.8.0_101₩bin₩javaw.exe (2016. 9. 14. 오후 3:48:50)
Start ! Speed is 10
Speed Up! Speed is 30
Speed Up! Speed is 50
Speed Up! Speed is 70
Stop! Speed is 0
Start ! Speed is 10
Speed Up! Speed is 30
Stop! Speed is 0
```

위의 예에서 보자면 SportCar 클래스에서는 Car 클래스의 speedUp() 메소드를 오버라이
딩하고 있다. 그리고 SportCar 클래스의 객체를 생성한 후 이에 speedUp()을 호출시키면
속도는 20씩 증가한다. 즉 부모 클래스의 speedUp()이 동작하는 것이 아니라 자식 클래스
의 speedUp()이 동작한 것이다.

메소드 오버라이딩은 부모 클래스에서 상속된 메소드를 자식 클래스에서 재정의 하는 것
이다. 이때 메소드의 프로토타입(생김새)는 동일해야 한다. 즉 파라미터의 개수 타입 반환형
까지도 동일하다. 메소드 오버라이딩의 전제는 상속이다.

🌱 8.4 메소드와 final 지정자

final 지정자가 변수 앞에 붙은 경우 상수화된다. final 지정자가 메소드 앞에도 붙을 수
있는데 이러한 경우 메소드 오버라이딩을 제한하는 역할을 한다. 즉 final 지정자가 붙은 메
소드는 하위 클래스에서 오버라이딩을 할 수 없다.

```java
 1  class FinalMethodClass{
 2      public final void finalMethod(){ // 오버라이딩을 제한함
 3          System.out.println("Final Method Call");
 4      }
 5  }
 6
 7  class FinalMethodExtendsClass extends FinalMethodClass{
 8      public void finalMethod(){ // final한 메소드를 오버라이딩 하려므로 에러
 9          System.out.println("Final Method Call Override");
10      }
11  }
12
13  public class FinalMethodClassExam{
14      public static void main(String[] args){
15          FinalMethodExtendsClass finalExtendsClass
16          = new FinalMethodExtendsClass();
17          finalExtendsClass.finalMethod();
18      }
19  }
20
```

위의 프로그램은 컴파일시에 에러를 유발시킨다.

final 지정자가 붙은 finalMethod 메소드는 오버라이딩이 되지 않는다. 오버라이딩하려 하므로 에러가 발생한 것이다. 이렇게 메소드의 오버라이딩을 못시키게 제한을 하는 경우는 수행을 좀 더 효율적으로 하게 하거나 혹은 보안상의 이유 때문이다. 메소드가 final로 지정 되면 컴파일러는 실행 가능한 바이트 코드를 프로그램내에 넣어 메소들를 호출할 수 있으므 로 효율적인 수행이 가능하게 한다. final로 지정된 메소드는 오버라이딩이 되지 않기 때문 에 보안상 중요한 메소드는 final로 지정하여 불법적인 사용을 막을 수 있다.

✔ 8.5 ▶ 클래스 상속과 final 지정자

final 지정자는 클래스 앞에도 붙을 수 있다. final 지정자가 붙은 클래스는 다른 클래스를 파생시키지 못한다. 즉 final 지정자가 붙은 클래스는 다른 클래스의 부모 클래스가 되지 못 하는 클래스이다.

```java
*FinalClass.java ⊠
 1  final class FinalClass{
 2      public void method1(){
 3          System.out.println("Method1");
 4      }
 5      public void method2(){
 6          System.out.println("Method2");
 7      }
 8  }
 9
10  class FinalExtendsClass extends FinalClass{
11      public void method3(){
12          System.out.println("Method3");
13      }
14  }
15
16  public class FinalExtendsClassExam{
17      public static void main(String[] args){
18          FinalExtendsClass finalExtendsClass = new FinalExtendsClass();
19          finalExtendsClass.method1();
20          finalExtendsClass.method2();
21      }
22  }
23
```

위의 프로그램은 컴파일시에 에러를 유발시킨다.

final 지정자가 붙은 FinalClass 클래스는 상속이 되지 않는다. 한데 이것을 상속하려 하므로 에러가 발생한 것이다. 이렇게 클래스를 상속 못하게 제한하는 경우도 수행을 좀더 효율적으로 하게 하거나 혹은 보안상의 이유 때문이다.

final 지정자가 붙는 경우와 이의 의미를 요약하면 다음과 같다.

- final로 선언된 변수는 그 값을 변화 시킬 수 없다.

- final로 선언된 메소드는 서브 클래스에서 오버라이딩 시킬 수 없다.

- final로 선언된 클래스는 상속될 수 없다.

8.6 super와 this

this는 객체 자신을 가리키는 참조 변수라고 했다.

CarExam 예제에서 t1, s1의 두 개의 SportCar 클래스 객체를 생성하여 이들의 speedUp() 메소드를 호출하였다. 메소드는 공용한다고 했지만 이들은 각 객체에 대해서 잘 동작한다. 이것은 speedUp() 메소드에서 멤버 변수의 앞에 this가 생략되어있고 이 때 this는 이 메소드를 사용하는 객체를 가리킨다. 하지만 때때로 부모 클래스의 멤버 메소드나 멤버 변수를 사용할 경우가 존재하는데 이때 부모를 지정할 수 있는 방법이 필요하다. 이 때 super가 사용되는데, super는 부모 클래스의 객체 부분을 가리키는 참조 변수이다.

super 키워드가 사용되는 경우는 크게 두 가지이다. 첫째는 부모 클래스의 멤버 변수나 멤버 메소드를 자식 클래스에서 사용하려고 할 경우이고 둘째는 부모 클래스의 생성자를 자식 클래스에서 선택적으로 호출할 경우이다.

부모 클래스의 메소드에 몇 가지 추가 동작을 덧붙여서 구현이 가능한 경우, 오버라이딩하는 메소드에서 추가의 동작을 기술하고 부모 클래스의 메소드를 불러주면 효율적인 해결이 가능하다. 이러한 경우 부모 클래스의 메소드를 지정하기 위해서 super 키워드를 사용한다.

```
SportCarExam.java ⊠                                                    ▭ ▢
 1  class Car{
 2      protected int speed;
 3      protected int fuel;
 4
 5      public Car(){
 6          this.speed = 0;
 7          this.fuel = 100;
 8      }
 9
10      public boolean speedUp(){
11
12          if(this.fuel != 0){
13                  this.speed += 10;
14                  this.fuel -= 10;
15                  return true;
16          }else{
17                  this.speed = 0;
18                  return false;
19          }
20      }
21
22      public void showState(){
23          System.out.println("Speed : " + speed);
24          System.out.println("Fuel : " + fuel);
25      }
26  }
27
28  class SportCar extends Car{
29      public boolean speedUp(){
30          boolean result;
31
32          result = super.speedUp();          // 부모 클래스의 speedUp을 호출
33          if(result == true)
34                  System.out.println("SpeedUp Success!");
35          else
36                  System.out.println("SpeedUp Fail!");
37
38          return result;
39      }
40  }
41
42  public class SportCarExam{
43      public static void main(String[] args){
44          SportCar sportCar = new SportCar();
45
46          sportCar.speedUp();
47          sportCar.showState();
48      }
49  }
50
```

위의 예에서 Car 클래스의 speedUp() 메소드를 보면 this을 이용하여 자신의 멤버 변수를 지정하고있다. Car 클래스에서 상속을 받은 SportCar 클래스에서 speedUp() 메소드를

재정의하고 있다. SportCar의 speedUp() 메소드와 Car 클래스의 speedUp()과의 차이는
해당 메소드가 제대로 동작했는 지의 결과를 출력하는 부분이 있다는 것이다. speed와 fuel
의 동작관계는 부모 부분과 동일하다. 이러한 경우 재정의하는 부분에서 일일이 다시 작성할
필요없이 다른 부분만 첨가시켜 주고 super.speedUp() 메소드를 호출해 주면 된다. 위의 경
우에서 보듯이 메소드를 오버라이딩하는 작업이 보다 효율적으로 처리가 되었다.

8.7 super와 생성자

메소드 오버라이딩을 통해서 부모 클래스의 멤버 메소드를 재정의 하였다. 하지만 생성자
의 재정의는 불가능하다. 왜냐하면 생성자의 이름은 클래스의 이름과 동일하다. 생성자의
경우는 상속 시 물려받을 수 없고 새로이 만들어야한다. 객체 생성 시에 객체를 초기화하기
위해 많은 정보를 받아들인다. 이들 중 일부는 부모 클래스의 객체 부분을 초기화 하는 부분
이기도 하다. 이러한 경우 정보를 적절히 부모 클래스의 생성자쪽으로 넘겨주어야 한다. 이
제 자식 클래스의 생성자와 부모 클래스의 생성자의 관계에 대하여 알아보자.

자식 클래스의 객체는 부모 클래스의 객체 부분도 포함하고 있다. 그러므로 자식 클래스의
객체 생성 시에 부모 클래스의 객체 부분이 생성될 때 이를 초기화하기 위하여 부모 클래스의
생성자가 호출된다. 객체 생성시에 자신의 선조 부분을 초기화하기 위하여 선조 클래스의 생
성자들이 최상위층 부터 차례로 호출되어진다. 이때 자식 클래스의 생성자 쪽에서 특별한 선
택이 없으면 부모 클래스의 디폴트 생성자 형태로 부모 클래스의 객체 부분의 초기화가 일어
난다. 자식 클래스 쪽에서 부모 클래스의 객체 부분을 초기화하는 방법을 선택할 수 있는데
이를 위하여 super를 사용한다.

다음의 예를 보자.

```java
FighterExam1.java 
 1  class AirPlane{
 2      protected int fuel;
 3
 4      public AirPlane(){
 5          fuel = 100;
 6          System.out.println("AirPalne Default Construct");
 7      }
 8
 9      public AirPlane(int ifuel){
10          fuel = ifuel;
11      }
12
13      public void showFuel(){
14          System.out.println("The Total Fuel : " + fuel);
15      }
16  }
17
18  class Fighter extends AirPlane{
19      private int bullet;
20
21      public Fighter(){
22          // AirPlane 클래스의 디폴트 생성자가 호출됨
23          bullet = 10;
24      }
25
26      public Fighter(int ibullet){
27                  // AirPlane 클래스의 디폴트 생성자가 호출됨
28          bullet = ibullet;
29      }
30
31      public Fighter(int ibullet,int ifuel){
32          super(ifuel);       // public AirPlane(int ifuel) 형태의 생성자가 호출되도록
33          bullet = ibullet;
34      }
35
36      public void fire(){
37          for(int i = 0;i < bullet;i++)
38              System.out.println("Tang");
39      }
40  }
41
42  public class FighterExam1{
43      public static void main(String[] args){
44          Fighter f1 = new Fighter();
45          f1.showFuel();
46
47          Fighter f2 = new Fighter(5,200);
48          f2.showFuel();
49      }
50  }
51
52
```

위의 프로그램의 결과는 다음과 같다.

```
🖥 Console ✕        ▣ ✖ ✖ | ◪ ◫ ⯈ 🗗🗗 | ⯈ ▢ ▾ 🗗 ▾ ▭ ⊟
<terminated> FighterExam1 [Java Application] C:\Program Files\Java\jre1.8.0_101\bin\javaw.exe (2016. 9. 14. 오후
AirPalne Default Construct
The Total Fuel : 100
The Total Fuel : 200
```

위의 예제에서 Fighter객체를 생성할 때 두 가지 형태로 생성자가 호출된다. 첫 번째 f1
의 생성에 있어서는 Fighter의 디폴트 생성자가 호출된다. 그리고 선조 객체의 부분을 초기
화 하기 위하여 AirPlane의 디폴트 생성자가 호출이 된다(Fighter()에서 부모 클래스의 생
성자에 대하여 특별한 지정이 없으므로 디폴트 생성자가 호출됨). 하지만 두 번째 f2의 생성
에 있어서는 Fighter(int ifuel, int ibullet) 형태의 생성자가 호출되고 여기서 ibullet 부분
은 선조 클래스의 객체 부분을 초기화시키기 위한 값이다. 이러한 경우 효과적인 초기화를
위하여 부모 클래스의 해당 생성자를 부를 때 이 값을 넘겨주면 된다.

위의 경우 Fighter (int ifuel, int ibullet) 생성자의 첫줄에서 super(ibullet)을 호출하였
는데 이는 Fighter 클래스의 부모 클래스인 AirPlane 클래스의 public AirPlane(int
ibullet) 생성자에 해당한다. 이렇게 자식 클래스에서 부모 클래스의 생성자를 지정할 때
super를 사용한다. 하지만 이러한 super의 사용에는 주의할 점이 있다. super를 통한 부모
생성자 호출은 반드시 생성자의 첫줄에서 일어나야 한다는 것이다. 만약 그렇지 않으면 에러
가 된다.

:: Chapter   **9**
다형성

9.1 소개

객체 지향에서 다형성이란 상황에 따라 객체가 동작을 달리하는 것을 말한다. 즉 상속을 통하여 생성된 객체에서는 같은 메소드 호출이라도 어느 클래스 객체인가에 따라서 달라질 수 있다. 이러한 현상은 부모 클래스의 객체가 요구되는 자리에 자식 클래스의 객체가 올 수 있다는 원리에 기반하여 부모 데이터형 변수가 어떤 자식 클래스의 객체를 받아들이느냐에 따라 실행 시간에 다양한 모습으로 나타나게 되는데 이것이 바로 다형성이다.

다음의 예를 살펴보자.

```java
class AirForce{
    protected int fuel;

    public AirForce(){
        fuel = 100;
    }

    public AirForce(int ifuel){
        fuel = ifuel;
    }

    public void takeOff(){
        System.out.println("Take Off");
    }

    public void fly(){
        System.out.println("Fly");
    }

    public void fight(){
        System.out.println("Fight");
    }

    public void land(){
        System.out.println("Land");
    }
}
```

```
29  class Fighter extends AirForce{
30      private int bullet;
31
32      public Fighter(){
33        bullet = 10;
34      }
35
36      public Fighter(int ifuel,int ibullet){
37        super(ifuel);
38        bullet = ibullet;
39      }
40
41      public void fight(){
42        for(int i=0;i < bullet;i++){
43            System.out.println("Tang");
44        }
45      }
46  }
47
48  public class WarGame{
49      public static void main(String[] args){
50
51        AirForce airForce = new Fighter(100,5);
52
53        airForce.takeOff();
54        airForce.fly();
55        airForce.fight();
56        airForce.land();
57      }
58  }
59
```

위의 예제에서 Fighter 클래스는 AirForce 클래스에서 상속이 되었다. 그리고 main()메
소드에서 AirForce 클래스의 참조 변수인 airForce가 자식 클래스 Fighter의 객체를 가리
키고 있다. airForce라는 참조 변수를 통하여 takeOff(), fly(), fight() 그리고 land() 메소
드를 호출할 수 있다. 그런데 fight 메소드는 Fighter 클래스에서 오버라이딩을 시켰는데 이
경우 fight() 메소드 호출은 어떠한 방식으로 동작할까?

위의 프로그램의 결과는 다음과 같다.

```
🖳 Console ☒                    ▣ ✖ ✖ | 🖫 🖩 📧 📭 | 🖝 🖵 ▾ 📑 ▾ ▭ 🗖
<terminated> WarGame1 [Java Application] C:\Program Files\Java\jre1.8.0_101\bin\javaw.exe (2016. 9. 14. 오후 3:5
Take Off
Fly
Tang
Tang
Tang
Land
Take Off
Fly
Bomb
Bomb
Bomb
Land
```

위의 결과에서 보듯이 fight 메소드는 AirForce 클래스의 방식으로 작동하는 것이 아니라 참조 변수가 가리키는 실 객체의 클래스 타입인 Fighter 클래스 방식으로 작동한다. 즉 이와 같이 정확한 객체의 타입을 지정하지 않아도 자동적으로 해당 메소드들을 호출할 수 있는 능력을 다형성이라고 한다. 즉, 다형성이란 이렇게 하나의 메소드가 그 메소드의 수신자가 누구인가에 따라 각각 다른 기능을 수행하는 것을 말한다.

🌱 9.2 추상 클래스와 추상 메소드

추상 메소드는 기본 클래스에서 추상으로 선언하고 파생 클래스에 의해서 재정의되는 함수이다. 이러한 추상 메소드를 하나 이상 포함하고 있는 클래스를 추상 클래스라고 한다.

추상 클래스는 객체 지향 프로그래밍에서 상당히 유용하고도 강력한 개념이다. 추상 클래스는 추상 개념의 객체를 쉽게 표현할 수 있다. 예를 들면, 삼각형, 사각형, 원은 그래픽 객체들이다. 이들을 그래픽 객체라는 추상적인 개념에서 하나의 클래스로 포함시킬 수 있는데, 이 클래스를 추상 클래스라 한다.

개념적으로 동일한 그래픽 객체들이지만 그 클래스 내의 객체들이 모두 구체적인 동일한 속성을 갖는다고 생각할 수 없다. 그래픽 클래스 내의 메소드들이 모든 그래픽 객체에서 사용될 수 없다. 그래픽 객체의 면적을 구하는 메소드를 생각할 때 삼각형, 사각형, 원의 각 경우에 대하여 면적을 구하는 방법이 서로 다르다.

그래픽 클래스를 추상 클래스로 선언하고, 그 클래스에서 면적을 구하는 방법에 대한 메소드를 정의하고 그래픽 클래스를 확장한 클래스에서 구현하여 사용할 수 있다. 이때 추상 클래스인 그래픽 클래스에서 정의된 면적을 구하는 메소드들이 abstract를 이용하여 추상 메소드로 선언되어야 한다. 추상 클래스에 있는 추상 메소드를 하위 클래스에서 모두 구현이 되어야 한다. 그렇지 않으면 그 하위 클래스도 추상클래스로 취급된다. 추상 메소드를 상속받은 클래스도 추상 클래스가 된다. 추상 클래스는 객체를 생성하지는 못한다. 그러므로 하위 클래스에서 반드시 메소드를 재정의하여야 한다.

■ **추상 메소드 선언**

```
접근지정자  abstract  반환형  메소드명 (인자 리스트)
```

■ **추상 클래스 선언**

```
접근지정자  abstract class 클래스명
```

앞 절의 WarGame 예를 추상 메소드와 추상 클래스를 이용하여 다시 작성하여 보자.

위의 예에서 보자면 AirForce 클래스의 fight() 메소드는 자식 클래스에서 반드시 재정의 되어져야만 한다. 전투기는 전투기 나름대로의 방식으로 싸우고 폭격기는 폭격기 나름대로의 방식으로 싸우기 때문이다. fight() 메소드를 추상 메소드로 만들면 이를 포함하는 AirForce 클래스는 추상 클래스가 되어야 한다. 추상 클래스가 되면 객체를 생성하지는 못한다. 자식 클래스인 Fighter나 Bomber에서는 반드시 fighter() 메소드를 구현한 후에야 객체 생성이 가능하다.

```java
WarGame1.java ⊠

 1  abstract class AirForce{    // 추상 클래스
 2      protected int fuel;
 3
 4      public AirForce(){
 5          fuel = 100;
 6      }
 7
 8      public AirForce(int ifuel){
 9          fuel = ifuel;
10      }
11
12      public void takeOff(){
13          System.out.println("Take Off");
14      }
15
16      public void fly(){
17          System.out.println("Fly");
18      }
19
20      public abstract void fight();   // 추상 메소드
21
22      public void land(){
23          System.out.println("Land");
24      }
25  }
26
27  class Fighter extends AirForce{
28      private int bullet;
29
30      public Fighter(){
31          bullet = 10;
32      }
33
34      public Fighter(int ifuel,int ibullet){
35          super(ifuel);
36          bullet = ibullet;
37      }
38
39      public void fight(){
40          for(int i=0;i < bullet;i++){
41              System.out.println("Tang");
42          }
43      }
44  }
```

```
46   class Bomber extends AirForce{
47       public int bomb;
48
49       public Bomber(){
50           bomb = 10;
51       }
52
53       public Bomber(int ifuel,int ibomb){
54           super(ifuel);
55           bomb = ibomb;
56       }
57
58       public void fight(){
59           for(int i = 0;i < bomb;i++){
60                   System.out.println("Bomb");
61           }
62       }
63   }
64
65   public class WarGame1{
66
67       public static void warPlan(AirForce airForce){
68           airForce.takeOff();
69           airForce.fly();
70           airForce.fight();
71           airForce.land();
72       }
73
74       public static void main(String[] args){
75
76           Fighter f1 = new Fighter(100,3);
77           Bomber b1 = new Bomber(100,3);
78
79           // 추상 클래스를 객체화 시키려고하므로 에러
80           // AirForce a1 = new AirForce();
81
82           WarGame1.warPlan(f1);
83           WarGame1.warPlan(b1);
84       }
85   }
86
```

위의 예제에서는 AirForce 클래스에서 두개의 클래스 Fighter와 Bomber가 파생되었다.

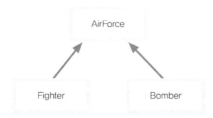

[그림 9.1] AirFoce, Fighter, 그리고 Bomber의 관계

추상 메소드를 내포한 추상 클래스 AirForce는 객체를 생성할 수 없다. 위의 예제에서 주석으로 처리된 AirForce 객체 생성 부분을 주석 처리치 않고 컴파일 시키면 에러를 발생시킨다.

AirForce 클래스에서 파생된 Fighter와 Bomber가 추상 메소드인 fight를 오버라이딩시키지 않으면 이들도 추상 클래스가 되어서 객체 생성을 하지 못한다. 이렇게 객체 생성을 못하는 추상 클래스가 왜 필요한 것인가? 이는 추상 클래스가 하위 클래스에게 메소드의 구현을 강제화 시키고 인터페이스 부분을 일치시키는 역할을 하기 때문이다. 이렇게 함으로 인해서 다형성을 강화시킬 수 있다.

위의 예제에서 보면 Fighter 클래스와 Bomber 클래스는 각각 자신에 맞게 fight 메소드를 오버라이딩시켰다. 이들의 객체는 선조 클래스인 AirForce 참조 변수에 의해 참조가 가능하다. main() 메소드에서 Fighter 클래스와 Bomber 클래스의 객체를 생성하고 이를 warPlan 메소드의 인자로 넘기는 데 이때 AirForce 타입의 참조 변수를 이용하여 참조, 사용하고 있다. 이의 결과는 다음과 같다.

위의 결과에서 보듯이 warPlan() 메소드에서는 AirForce 형의 참조 변수를 이용하여 구현을 하고 있다. 이 참조 변수에 어떠한 클래스 객체가 넘어오는가에 따라서 여러 가지 형태의 동작이 나타난다.

9.3 인터페이스와 다중 상속

하나의 클래스를 설계하는 데 있어서 두 개 이상의 클래스에서 동시에 상속을 받는 경우를 다중 상속이라 한다. 예를 들면 수륙 양용 자동차를 만드는데 있어서 자동차 클래스와 배 클래스를 동시에 부모로 하여 수륙 양용 자동차를 설계할 수 있다.

자바에서는 다중 상속을 허용하지 않는다. 다중 상속이 편리한 면도 있지만 문제를 일으킬 소지가 많기 때문이다. 예를 들면 자동차 클래스의 멤버와 배 클래스의 멤버가 일치하는 부분이 존재할 때 이를 상속 받은 수륙 양용 자동차는 모호성을 띄는 부분이 생길 수 있기 때문이다.

객체지향 언어 중 다중 상속을 허용하는 언어도 있는데 C++의 경우는 허용한다. 상속의 경우 코드의 재사용성이나 안정성을 높인다는 면도 있지만 선조 클래스의 참조 변수를 이용하여 자손의 클래스 객체를 가리킬 수 있다는 중요한 특성도 있다.

다중 상속적인 특성이 있다는 것은 그만큼 유연성이 좋아진다. 자바에서는 이러한 문제를 해결하기 위하여 인터페이스를 제공한다. 인터페이스의 경우는 다중 상속을 허용한다. 자바에서는 클래스에 대한 다중 상속은 허용하지 않지만 인터페이스에 대한 다중 상속은 허용한다.

인터페이스는 추상 메소드와 상수로 구성된다. 선언은 다음과 같은 형태를 가진다.

```
접근지정자 class 클래스_이름 implements 인터페이스_이름{
}
```

인터페이스는 실제 객체를 모델링한 클래스가 아니고 객체가 가지고 있어야 하는 기능과 상수만을 가지고 있다. 실제 기능의 구현은 인터페이스를 상속 받은 클래스에서 정의하게 되는데 이를 구현 상속이라 한다. 인터페이스의 중요한 점은 이를 상속 받은 클래스들은 같은 이름의 인터페이스를 갖고도 클래스마다 다른 기능들로 구현될 수 있다는 것이다. 이것은 추상 클래스의 추상 메소드를 하위클래스에서 다르게 구현할 수 있다는 것과 같다.

추상 클래스와 인터페이스의 가장 큰 차이점은 추상클래스는 결국 클래스의 일종이므로 다중 상속이 되지 않지만 인터페이스는 다중 상속이 가능하다는 점이다. 자바에서 다중 상속을 위한 해답은 인터페이스를 사용하는 것이다. 클래스에서 인터페이스를 사용하기 위해서는 implements라는 키워드를 이용하며 다음과 같은 형태를 가진다.

```
접근지정자 interface 인터페이스_이름{
}
```

다음이 예는 FlyAble 과 FightAble 인터페이스를 선언하고 이를 Fighter와 Bomber에서
구현하는 예이다.

```java
 1  interface FlyAble{
 2      public void takeOff();
 3      public void fly();
 4      public void land();
 5  }
 6
 7  interface FightAble{
 8      public void fight();
 9  }
10
11  class AirForce{
12      protected int fuel;
13
14      public AirForce(){
15          fuel = 100;
16      }
17
18      public AirForce(int ifuel){
19          fuel = ifuel;
20      }
21  }
```

```java
22
23  class Fighter extends AirForce implements FlyAble, FightAble{
24      protected int bullet;
25
26      public Fighter(){
27          bullet = 5;
28      }
29
30      public Fighter(int ibullet){
31          bullet = ibullet;
32      }
33
34      public Fighter(int ifuel,int ibullet){
35          super(ifuel);
36          bullet = ibullet;
37      }
38
39      public void takeOff(){
40          System.out.println("Fighter Take Off");
41      }
42
43      public void fly(){
44          System.out.println("Fighter Fly");
45      }
46
47      public void land(){
48          System.out.println("Fighter Land");
49      }
50
51      public void fight(){
52          for(int i=0;i < bullet;i++)
53              System.out.println("Tang");
54      }
55  }
56
```

```
WarGame2.java ⊠
57  class Bomber extends AirForce implements FlyAble, FightAble{
58      protected int bomb;
59
60      public Bomber(){
61          bomb = 5;
62      }
63
64      public Bomber(int ibomb){
65          bomb = ibomb;
66      }
67
68      public Bomber(int ifuel,int ibomb){
69          super(ifuel);
70          bomb = ibomb;
71      }
72
73      public void takeOff(){
74          System.out.println("Bomber Take Off");
75      }
76
77      public void fly(){
78          System.out.println("Bomber Fly");
79      }
80
81      public void land(){
82          System.out.println("Bomber Land");
83      }
84
85      public void fight(){
86          for(int i=0;i < bomb;i++)
87              System.out.println("Bomb");
88      }
89  }
90
```

```
91  public class WarGame2{
92      public static void main(String[] args){
93          Fighter f1 = new Fighter(100,3);
94          Bomber b1 = new Bomber(100,3);
95
96              // 인터페이스를 이용한 참조
97          FlyAble[] fly = new FlyAble[2];
98          fly[0] = f1;
99          fly[1] = b1;
100
101         FightAble[] fight = new FightAble[2];
102         fight[0] = f1;
103         fight[1] = b1;
104
105
106         // 객체를 이용한 호출
107         f1.takeOff();
108         f1.fly();
109         f1.fight();
110         f1.land();
111
112         System.out.println("");
113
114         // 인터페이스를 이용한 호출
115         for(int i=0;i < fly.length;i++){
116             fly[i].takeOff();
117             fly[i].fly();
118             fight[i].fight();
119             fly[i].land();
120             System.out.println("");
121         }
122     }
123 }
124
125
```

위의 예에서 보듯이 인터페이스를 적용한 클래스들은 인터페이스 참조 변수를 통해서 동일하게 접근 사용할 수 있다. Fighter와 Bomber는 FlyAble과 FightAble 인터페이스를 구현하고 있다. 그러므로 Fighter 객체와 Bomer 객체를 FlyAble과 FighterAble 인터페이스를 이용하여 참조 사용이 가능하다.

9.4 자바에서의 클래스 구조

자바에서 모든 클래스의 선조는 Object 클래스이다. 그러므로, 다른 클래스로부터 상속받지 않은 독립적인 클래스를 만들면 이의 선조는 묵시적으로 Object가 된다.

```java
class Car{
 private int fuel;

 public Car(){
 fuel = 100;
 }

 public void start(){
    System.out.println("Start");
 }

 public void speedUp(){
    System.out.println("Speed Up");
 }

 public void stop(){
    System.out.println("Stop");
 }
}
```

위의 Car 클래스는 독립적인 클래스로 만들어져 있다. 하지만 이는 묵시적으로 Object에서 상속을 받고 있다. 그러므로 Object가 가진 멤버를 또한 가지고 있다.

다음은 이에 대한 예이다.

```
public class CarExam{
  public static void main(String[] args){
     String strCar;
   Car car = new Car();

    car.start();
    car.speedUp();
    car.stop();
    strCar = car.toString();    // Object 클래스의 toString메소드 사용
    System.out.println(strCar);
  }
}
```

위의 프로그램에서 Car 클래스에서 toString() 메소드를 정의하지 않았지만 Car 클래스의 객체에서는 이를 사용하고 있다. toString 메소드는 Object 클래스에 정의되어 있고 Car 클래스는 묵시적으로 이 클래스에서 상속을 받은 형태가 되므로 toString() 메소드를 사용할 수 있다. Car 클래스에서의 toString이 Obejct에서와 다르게 동작해야 한다면 이를 오버라이딩시켜야 한다.

자바에서 모든 클래스들은 직접적으로나 간접적으로나 Object 클래스에서 확장된 것이다. 자바의 클래스는 거대한 하나의 트리구조를 가지게 되고 그 최상위 루트 노드는 Object 클래스가 된다. Obejct클래스는 객체가 가져야할 중요한 특성과 행위를 정의하고 있으며 모든 자바 클래스들은 이러한 특성과 행위를 상속을 통하여 가지게 된다. 모든 클래스의 객체는 Object 클래스의 참조 변수로 참조가 가능하게 됨을 의미하는데 이는 프로그램 작성시에 유연성을 제공하게 된다.

패키지

10.1 소개

패키지는 관련이 되는 클래스나 인터페이스들을 묶어놓는 묶음이다. 클래스나 인터페이스를 패키지에 그룹화하는 목적은 크게 두 가지이다. 첫째는 관련이 있는 클래스나 인터페이스를 하나의 그룹으로 묶어서 패키지화함으로써 이들 클래스나 인터페이스를 필요로 하는 프로그램에 쉽게 추가할 수 있고 관리를 효율적으로 할 수 있다. 둘째는 이름간의 충돌을 막기위함이다. 많은 사람들이 프로그램을 작성하다 보면 다른 사람이 작성한 변수명, 클래스명, 인터페이스명 등이 같을 경우가 발생한다. 대부분의 프로그래밍 언어에서는 이러한 이름 충돌 문제를 해결하기 위한 방법으로 네임스페이스(namespace)를 제공한다. 자바에서는 패키지가 이러한 문제를 해결하는데, 패키지 내에 들어있는 클래스나 인터페이스의 이름은 패키지 이름으로 구분할 수 있으므로, 다른 패키지나 프로그램의 클래스나 인터페이스의 이름과의 충돌을 방지할 수 있다.

10.2 패키지 멤버의 사용

패키지의 멤버로는 클래스와 인터페이스가 있다. 이들 패키지 멤버는 크게 두 종류로 나뉘어지는데 패키지 외부로 노출되어 있는 public 멤버와 외부에 노출되지 않고 패키지 내부의 멤버들만 접근이 가능한 디폴트(default) 멤버로 나눌 수 있다.

public 멤버는 외부로 노출되어 외부의 어떠한 코드라도 사용할 수 있는 패키지의 멤버로 public이라는 키워드와 함께 선언된 클래스나 인터페이스를 말한다. 디폴트 멤버는 캡슐화를 목적으로 패키지 내부에서만 사용가능한 멤버로 아무런 접근 지정자 없이 선언된 멤버를 말한다. 클래스의 선언 시에 클래스 내부에 선언된 내부 클래스가 아닌 최상위 클래스에서 접근 지정자로 public이 설정된 것은 public 멤버이고 아무런 접근 지정자가 없이 선언된 경우는 디폴트 멤버가 된다.

디폴트 접근 지정자는 같은 패키지의 클래스만이 클래스의 변수와 메소드에 접근 할 수 있다. 디폴트 접근 권한을 가진 클래스 멤버는 같은 패키지 안의 다른 클래스들에게만 접근이 허락이 된다. 디폴트 접근 지정자를 사용하기 위한 실질적인 자바 예약어는 존재하지 않는다. 접근 지정자를 변수나 메소드 클래스에 선언하지 않았을 경우, 디폴트 접근 지정자로 컴파일러는 해석한다.

디폴트 접근 지정으로 선언된 클래스는 패키지 외부에서는 사용할 수 없고 오로지 패키지 내부의 멤버만이 사용이 가능하다. 따라서 같은 패키지 내의 멤버를 참조하는 경우는 단순히 패키지 멤버인 클래스나 인터페이스의 이름을 바로 사용하면 되지만 다른 패키지의 멤버를 사용하려는 경우에는 참조하고자 하는 클래스나 인터페이스가 어느 패키지의 멤버인지를 반드시 명시하여야 한다. 다른 패키지의 멤버를 명시하는 것은 크게 두 가지 방법이 있다. 첫째는 절대 경로명을 사용하는 것이고 둘째는 import 문을 사용하는 방법이다.

10.2.1 절대 경로명 사용

절대 경로명을 사용하는 방법은 패키지의 전체 이름과 멤버의 이름을 모두 기술하여 선언하는 방법이다. 많이 사용되는 방법은 아니지만 클래스 이름 간에 충돌이 예상되는 경우, 이 방법을 사용해서 해결할 수 있다. 다음은 절대 경로명을 이용하여 클래스를 사용하는 방법이다.

```
AbsolutePath.java
 1  class MainFrame extends java.awt.Frame{
 2      private java.awt.TextArea messageArea = new java.awt.TextArea();
 3      private java.awt.Button clickButton= new java.awt.Button("Click");
 4
 5      public MainFrame(String title){
 6          super(title);
 7          add(messageArea,java.awt.BorderLayout.CENTER);
 8          add(clickButton,java.awt.BorderLayout.SOUTH);
 9          setBounds(100,100,300,300);
10          setVisible(true);
11      }
12  }
13
14  public class AbsolutePath{
15      public static void main(String[] args){
16          MainFrame mainFrame = new MainFrame("Absolute Path");
17      }
18  }
19
20
```

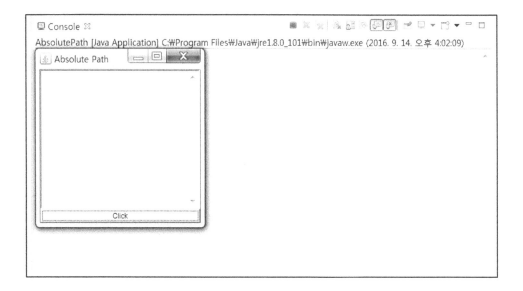

위의 예에서 보듯이 클래스를 사용하기위해 패키지명을 모두 써주어야 한다. 이 방법은 패키지 안의 몇 개의 항목만 사용할 경우에 적합하다. 프로그램 전반에서 다른 패키지의 클래스를 사용할 때 절대 경로를 사용한다는 것은 비효율적이고 성가신 일이다. 그러므로 import문을 이용하는 방법을 많이 사용한다.

10.2.2 import 문을 사용하는 방법

다른 패키지내의 클래스나 인터페이스를 사용하기 위해서, import문을 사용한다. 클래스를 포함시키기 위해 import 다음에 이름과 클래스 이름을 기술해 주어야 하는데, 이 경우 다음과 같이 두 가지 방법을 사용할 수 있다.

■ 원하는 패키지 멤버만 import하는 경우

```
import 패키지명.클래스명;
```

이 경우는 어떤 패키지내의 특정 클래스를 사용하기 위해 포함할 경우인데, 패키지의 이름과 클래스의 이름을 모두 지정해 주면 된다. 다음은 이를 이용한 예이다.

```
RelativePath1.java ☒                                                        ─ ⊟
 1  import java.awt.*;    // java.awt 패키지의 모든 클래스를 import 시킴        ⌃ ▯
 2
 3  class MainFrame extends Frame{
 4      private TextArea messageArea = new TextArea();
 5      private Button clickButton= new Button("Click");
 6
 7      public MainFrame(String title){
 8        super(title);
 9        add(messageArea,BorderLayout.CENTER);
10        add(clickButton,BorderLayout.SOUTH);
11        setBounds(100,100,300,300);
12        setVisible(true);
13      }
14  }
15
16  public class RelativePath1{
17      public static void main(String[] args){
18            MainFrame mainFrame = new MainFrame("Absolute Path");
19      }
20  }
21
```

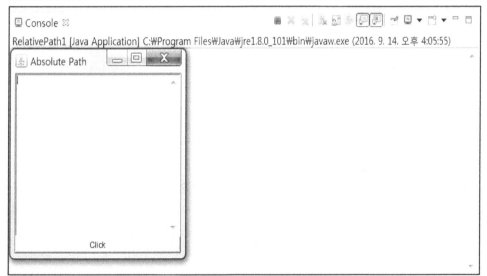

```
Console ☒                          ▪ ✕ ✖ | ▤ ▦ ▧ ▨▨ ▱ ▭ ▾ ▱ ▾ ─ ⊟
RelativePath1 [Java Application] C:\Program Files\Java\jre1.8.0_101\bin\javaw.exe (2016. 9. 14. 오후 4:05:55)
```

■ 원하는 패키지 전체를 import하는 경우

```
import 패키지명.*;
```

프로그램 내에서 다른 패키지의 멤버를 여러 개 참조하는 경우에는 위와 같이 특정한 멤버를 직접 import하는 것보다, 사용하고자하는 패키지 내의 모든 멤버에 대한 참조를 포함시키는 것이 더욱 효율적이다. *은 패키지내의 모든 클래스나 인터페이스를 의미한다. 다음은 이를 사용한 예이다.

```java
import java.awt.*;      // java.awt 패키지의 모든 클래스를 import 시킴

class MainFrame extends Frame{
    private TextArea messageArea = new TextArea();
    private Button clickButton= new Button("Click");

    public MainFrame(String title){
      super(title);
      add(messageArea,BorderLayout.CENTER);
      add(clickButton,BorderLayout.SOUTH);
      setBounds(100,100,300,300);
      setVisible(true);
    }
}

public class RelativePath1{
    public static void main(String[] args){
        MainFrame mainFrame = new MainFrame("Absolute Path");
    }
}
```

import 패키지명.*;라고 하였을 때 해당 패키지내의 모든 public한 클래스나 인터페이스들은 사용할 수 있지만, 해당 패키지에 속한 하위 패키지의 멤버들은 불러들이지 못한다. 이러한 경우는 하위의 패키지에 대하여서도 import를 해주어야한다. 아래의 자바프로그램에서 "import java.awt.*;"와 같이 사용하는 경, java.awt 패키지 내의 모든 public한 클래스나 인터페이스들은 사용할 수 있지만, java.awt 패키지에 속한 하위패키지의 멤버들은 불러들이지 못한다. 그러므로, java.awt 패키지 하위의 java.awt.event 패키지의 멤버를 사용하기 위해서는 import java.awt.event.*; 문 또는 import java.awt.event.ActionEvent; 문을 이용하여 하위패키지의 클래스를 직접 포함해 주어야 한다.

```
HelloEventExam.java ⊠
 1  import java.awt.*;          // java.awt 패키지 import □
 3                //java.awt.event 패키지는 따로이 import 작업 필요
 4
 5  class HelloEventFrame extends Frame{
 6      private TextArea textArea;
 7      private Button helloButton;
 8
 9      class ButtonEventListener implements ActionListener{
10          public void actionPerformed(ActionEvent ev){
11              textArea.append("Hello World\n");
12          }
13      }
14
15      public HelloEventFrame(String strTitle){
16          super(strTitle);
17          textArea = new TextArea();
18          helloButton = new Button("Hello Button");
19          ButtonEventListener buttonEventListener = new ButtonEventListener();
20          helloButton.addActionListener(buttonEventListener);
21
22          this.add(textArea,BorderLayout.CENTER);
23          this.add(helloButton,BorderLayout.SOUTH);
24
25          this.pack();
26          this.setBounds(100,100,300,400);
27          this.setVisible(true);
28      }
29  }
30
31  public class HelloEventExam{
32      public static void main(String[] args){
33          HelloEventFrame helloEventFrame =
34          new HelloEventFrame("Hello Event Frame");
35      }
36  }
37
```

위의 예들에서 보면 String 클래스는 java.lang 패키지에 있는 클래스인데, 절대 주소를 사용하지도 않고 java.lang 패키지를 import하지 않고도 사용하고 있다. 이것이 가능한 이유는 java.lang 패키지가 자바 언어 설계에 있어 기반이 되는 부분에 관련된 기능을 담당하는 패키지이고 모든 자바 프로그램에서 기본적으로 사용되므로 기본적으로 import 되기 때문이다.

만약 다른 패키지들 사이에서 동일한 이름을 갖는 경우에 발생하는 이름 충돌은 절대 경로명을 사용하여 해결할 수 있다.

11.3 자바의 핵심 패키지

자바에서는 핵심적인 기능들을 패키지로 만들어 기본적으로 제공하고 있다. 자바가 제공하는 핵심 패키지를 자바의 코어 패키지라고 부르는데, 이들을 간단히 알아보면 다음과 같다.

- java.applet : 자바 애플릿을 만들거나 처리하는데 필요한 클래스와 인터페이스들로 구성되어 있다.

- java.awt : 그래픽 사용자 인터페이스 컴포넌트 클래스들과 그래픽, 이미지를 처리하는데 필요한 클래스, 인터페이스들로 구성되어 있다. java.awt.event, java.awt.color 등과 같은 하위 패키지가 있다.

- java.beans : 자바 컴포넌트 소프트웨어 모델인 빈즈에 관련된 기능을 담당하고 있다.

- java.io : 자료 입출력, 직렬화, 파일 입출력 등에 관련된 기능을 담당하는 패키지이다.

- java.lang : 자바 언어 설계에 있어 기반이 되는 부분에 관련된 기능을 담당하는 패키지이다. 모든 자바 프로그램에서 기본적으로 사용된다.

- java.math : 정확도가 큰 수를 계산하는데 관련된 패키지이다.

- java.net : 네트워크에 관련된 기능을 제공하는 패키지이다.

- java.rmi : 원격 메소드 호출에 관련된 패키지이다.

- java.security : 보안 기능을 수행하는 클래스와 인터페이스로 구성된 패키지이다.

- java.sql : 데이터베이스에 관련된 기능을 제공하는 패키지이다.

- java.text : 문자, 날짜, 숫자, 도량형 등을 각국 언어에 독립적인 형태로 다룰수 있도록 지원하는 패키지이다.

- java.util : 자료구조, 난수, 날짜, 시간 등등에 관련된 유틸리티 클래스와 인터페이스로 구성된 패키지이다.

- javax.swing : 자바의 새로운 그래픽 사용자 인터페이스를 포함하는 패키지이다.

- org.omg.CORBA : CORBA 서비스에 관련된 패키지이다.

10.4 패키지 접근 제어

클래스 멤버 중에서 어떠한 접근 지정자를 가지지 않으면 이는 패키지의 디폴트 접근 제어를 가지게 되고 동일한 패키지의 멤버들에 의해서는 접근이 가능하다.

접근 지정자에는 public, private, protected, default가 존재한다. 이들에 대한 동일 패

키지의 클래스에서 접근을 행하는 경우에 대해서 정리한다.

자바에서의 접근 지정자를 접근 영역으로 분류해보면 다음과 같다.

[표 10.1] 접근 지정자와 접근 영역

접근 지정자	클래스	서브 클래스	같은 패키지	다른 패키지
public	허용	허용	허용	허용
private	허용	불허	불허	불허
protected	허용	허용	허용	불허
(패키지)	허용	불허	허용	불허

자바 기본 클래스

11.1 Object 클래스

자바에서 모든 클래스들은 직접적으로나 간접적으로 Obejct 클래스에서 확장된 것이고, Obejct의 메소드들을 상속받는다. 자바 클래스구조에서 최상위에 존재하는 Object 클래스는 자바 시스템에서 객체들이 가져야하는 가장 기본적인 행위에 대한 메소드를 가지고 있다. 이러한 메소드들은 두 가지 종류로 나뉘어지는데, 첫 번째 종류는 일반적인 유틸리티 메소드들이고, 두 째 종류는 스레드를 지원하는 메소드들이다. 이번 장에서는 일반 유틸리티 메소드에 해당하는 메소드들을 설명한다.

[표 11.1] java.lang.Object 클래스의 주요 메소드

java.lang.Object 주요 메소드	
public boolean equals(Object obj)	이 객체와 obj 객체의 동등성을 비교하여 같으면 true 아니면 false를 되돌린다.
public String toString()	자신의 객체를 표현할 수 있는 문자열을 생성한다.
public int hashCode()	자신의 객체에 대한 해쉬값을 계산한다.
protected Object clone()	객체의 복사본을 생성한다.
public class getClass()	객체의 클래스 정보를 표현하는 class형의 객체를 반환한다.
protected void finalize()	객체가 소멸될 때 가비지 콜렉터에 의해 호출되어진다.

11.1.1 equal() 메소드

```
public boolean equals(Object o);
```

equals() 메소드는 클래스 객체를 비교하여 객체의 내용이 같은 지를 비교하는 메소드이다. 변수의 값이 같음을 나타내는 == 연산자와는 달리, equals() 메소드는 객체의 내용을 비교한다. equals() 메소드에서 어떻게 객체의 내용이 같은 지를 비교할 수 있을까? 왜냐하면 두 객체가 같다는 판단 기준은 너무나 다양할 수 있다. 다음과 같은 Person 클래스의 두 객체가 동일한 내용을 가지는 것인지 아닌지는 상황에 따라 달라진다. 다음의 예를 참조하라.

```
J EqualsExam.java ⋈                                                    ▭ ▯
 1  class Person{
 2      private int age;
 3      private String strJuminNum;
 4      private String strName;
 5
 6      public Person(int iage,String strNum,String name){
 7       age = iage;
 8       strJuminNum = strNum;
 9       strName = name;
10      }
11  }
12
13  public class EqualsExam{
14      public static void main(String[] args){
15      Person a1 = new Person(20,"12345-12345","홍길동");
16      Person a2 = new Person(20,"12345-12345","홍길동");
17
18      if(a1 == a2)
19          System.out.println("Same Person");
20          else
21          System.out.println("Different Person");
22
23      if(a1.equals(a2))
24          System.out.println("Same Person");
25      else
26          System.out.println("Different Person");
27      }
28  }
29
```

위 프로그램의 결과는 어떻게 나올까? 결과는 아래와 같다.

```
Console ⋈                              ▣ ✕ ✖ | ⬚ ⬚ | ▦ ▦ | ⬚ ▦ ▾ ⬚ ▾ ▭ ▯
<terminated> EqualsExam [Java Application] C:\Program Files\Java\jre1.8.0_101\bin\javaw.exe (2016. 9. 14. 오후 4
Different Person
Different Person



```

첫 번째 결과는 당연할 것이다. 하지만 두 번째 결과는 이해가 잘되지 않을 것이다. equals() 메소드는 객체의 내용을 비교하는 메소드이다. 두 객체의 내용은 동일하므로 Same Person이 나와야 할 것으로 예상했을 것이다. equals() 메소드는 Object 클래스에 정의되어 있다. 위의 프로그램에서 a1.equals(a2)는 Person 클래스에서 오버라이딩을 하지

이클립스와 함께 하는 프로그래밍 기초를 쌓는 JAVA

않았기 때문에 Object 클래스에 정의된 메소드이다. Object 클래스의 equals() 메소드를 살펴보면 이의 결과가 이해가 될 것이다. JDK가 설치된 디렉토리에는 src.zip파일이 있다. 이파일의 압축을 풀면 자바 클래스들의 소스를 볼 수 있다. Object.java 파일은 java/lang/Obejct.java에 있다. 이의 내용을 보면 equals() 메소드의 내용을 볼 수 있다. equals() 메소드의 구현 내용은 다음과 같다.

```
public boolean equals(Object obj) {
  return (this == obj);
}
```

Object 클래스의 equals() 메소드는 단순히 == 연산자를 사용하여 두 객체의 참조 변수값을 비교한다. 위의 프로그램에서 실행은 false가 된다. 이것은 해당 클래스마다 클래스 객체가 같다고 판단하는 기준이 다를 수 있으므로 개발자가 새롭게 클래스를 만드는 경우에는 equals() 메소드를 해당 클래스에 맞도록 오버라이딩해서 사용해야한다위의 예제의 경우에는 Person 클래스의 객체는 주민 등록 번호가 일치하면 같은 사람으로 보도록 하면 된다.

```
EqualsExam1.java

 1
 2  class Person{
 3      private int age;
 4      private String strJuminNum;
 5      private String strName;
 6
 7      public Person(int iage,String strNum,String name){
 8          age = iage;
 9          strJuminNum = strNum;
10          strName = name;
11      }
12
13      public boolean equals(Object obj){
14          Person a = (Person)obj;
15          if(strJuminNum.equals(a.strName))
16                  return true;
17          else
18              return false;
19      }
20  }
```

182

```
22 public class EqualsExam1{
23     public static void main(String[] args){
24         Person a1 = new Person(20,"12345-12345","홍길동");
25         Person a2 = new Person(20,"12345-12345","홍길동");
26
27         if(a1 == a2)
28             System.out.println("Same Person");
29             else
30             System.out.println("Different Person");
31
32         if(a1.equals(a2))
33             System.out.println("Same Person");
34         else
35             System.out.println("Different Person");
36     }
37 }
38
```

위의 예제에서 strNum.equals(a.strName)는 true를 되돌린다. strNum은 스트링 객체를 가리킨다. 스트링 클래스의 내용 비교는 String 클래스에서 equals 메소드를 오버라이딩하고 있다. 이 또한 java/lang/String.java에서 확인해볼 수 있으니 확인해 보기 바란다.

11.1.2 toString() 메소드

```
public String toString()
```

toString() 메소드는 클래스 객체의 현재 상태를 나타내는데 주로 사용된다. 이 메소드에 대한 구현 또한 Object.java에 잘 나타나있는데 이는 아래와 같다.

```
public String toString() {
return getClass().getName() + "@" + Integer.toHexString(hashCode());
}
```

toString() 메소드는 호출한 객체의 클래스명과 해쉬코드의 16진수 값의 스트링을 "@"으로 연결한 스트링이다. 이 메소드는 디버깅시에 매우 편리한 기능을 제공해 주는데 이 메소드 또한 사용자가 원하는 정보를 스트링 형태로 구하고 싶을 경우 이 메소드를 오버라이딩해서 사용한다.

```
ToStringExam.java ☒
 1  class Person{
 2      private String name;
 3      private int age;
 4      private char gender;
 5
 6      Person(String name,int age,char gender){
 7          this.name = name;
 8          this.age = age;
 9          this.gender = gender;
10      }
11
12      public String toString(){
13          String strLine;
14          strLine = "Name : " + name;
15          strLine = strLine + " Age : " + age;
16          strLine = strLine + " Gender : " + gender;
17          return strLine;
18      }
19  }
```

```
21  public class ToStringExam{
22      public static void main(String[] args){
23          Person person = new Person("홍길동",33,'M');
24          // 내부적으로 person객체의 toString 메소드를 통해 스트링을 구해서 출력
25          System.out.println(person);
26      }
27  }
28
```

위의 프로그램을 수행하면 다음과 같은 결과를 얻을 수 있다.

```
Console ☒
<terminated> ToStringExam [Java Application] C:\Program Files\Java\jre1.8.0_101\bin\javaw.exe (2016. 9. 14. 오후
Name : 홍길동 Age : 33 Gender : M
```

만약 Person 클래스의 toString() 메소드를 제거한 후 위의 프로그램을 컴파일하고 수행해보기 바란다. 이렇게 toString() 메소드는 객체를 스트링 형태로 표현하는 메소드이다. 객체의 스트링적 표현은 사용자가 정하기에 따라서 달라질 수 있다.

11.1.3 hashCode() 메소드

```
public int hashCode()
```

객체의 해쉬 코드 값을 돌려준다. 각 객체는 해쉬 테이블에서 사용하기 위한 해쉬 코드를 가진다. 이 메소드는 각 객체마다 고유한 값을 돌려주는 역할을 한다. hashCode()와 equals() 메소드는 둘 다 Object에서 구현되며 임의의 다른 두 객체는 같지 않고 그 들의 해쉬 코드값 또한 다르게 취급하도록 정의되어 있다. 만약 다른 두 개의 객체가 equals() 메소드에 대하여 참인 값을 되돌린다면 두 객체의 hashCode() 메소드 또한 동일한 값을 돌려주어야 한다. 이는 해쉬 테이블에서 같은 값의 키를 발견하기 위해서 equals() 메소드를 사용하기 때문이다.

11.1.4 clone() 메소드

```
protected Object clone() throws CloneSupportedException
```

객체의 복사본을 생성하여 돌려주는 역할을 한다. 자바에는 객체를 복제할 수 있는 기능이 있다. 어떤 클래스의 객체가 복제될 수 있다는 것을 나타내기 위해 그 클래스는 Cloneable 인터페이스에서 정의된 clone() 메소드를 구현하여야 한다. 객체를 복제하는데 사용되는 clone() 메소드는 Object 클래스에서 선언되어 있다. 객체의 복제 시에 멤버 변수의 값이 복제된다. 얕은 복사가 일어나게 되는데 이는 멤버 변수가 객체를 가리키는 참조 변수일 경우 복사된 객체 또한 동일한 참조 대상체를 가지게 되는 결과를 초래한다. 이러한 상황을 피하기 위해서는 참조 대상체를 새로이 생성하고 그 대상체를 가리키도록 하여야 한다. 이를 깊은 복사라 한다.

11.1.5 getClass() 메소드

```
public final class getClass()
```

객체의 클래스 정보를 지닌 Class형의 객체를 돌려준다. 자바에서는 클래스에 대한 정보를 이 메소드를 통하여 얻을 수 있다.

11.1.6 finalize() 메소드

```
public void finalize() throws Throwable
```

가비지 콜렉션을 시작하면서 객체가 지닌 자원을 해결해주는 메소드이다.

11.2 래퍼(Wrapper) 클래스

자바에서의 기본형은 객체형이 아니라 값형이다. 즉 객체 지향 언어인 자바에서 기본형의 인스턴스는 객체가 아니다. 자바에서 기본형은 그 형에 해당하는 클래스를 가지는데 이를 래퍼 클래스라고 한다. 자바에서 왜 이러한 래퍼 클래스가 필요한 것일까? 그것은 기본형에 대한 정보를 알아내거나 혹은 객체가 사용되어야 하는 곳에 적용시키기 위해서이다.

래퍼 클래스는 두 가지 기본 기능을 가지고 있다. 첫째는 그 형과 연관된 정보를 추출해 주는 기능이다. 두 번째는 범용적으로 작성되어서 Object 객체 변수를 사용하는 곳에 특정한 기본형들을 적용시키기 위해서이다. 예를 들면, Collection 클래스의 저장 요소는 객체들만이 가능하다. 이러한 곳에 기본형들을 적용시키기 위해서는 이에 해당하는 래퍼 클래스의 객체를 사용하여야 한다.

래퍼 클래스는 기본형을 객체지향적으로 표현한다. 그러므로 기본형 각각에 대해 래퍼 클래스가 존재한다. 다음은 래퍼 클래스와 이들 각각에 대응하는 기본형이다. 참고로 래퍼 클래스는 java.lang 패키지 내에 존재한다. 그러므로 import 없이 사용이 가능하다.

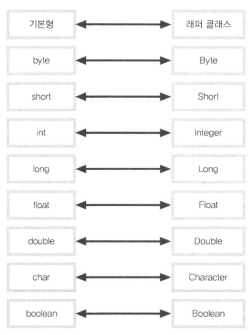

[그림 11.1] 자바의 기본 데이터 타입과 Wrapper 클래스와의 관계

각각의 기본형에 대한 래퍼클래스의 대응 관계를 알아보았다. 이와 같은 래퍼클래스는 다음과 같은 계층구조를 가진다.

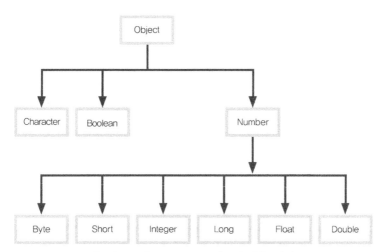

[그림 11.2] Wrapper 클래스의 계층 관계

11.2.1 Number 클래스

자바에서 수에 관련된 기본 자료형에 해당하는 모든 래퍼 클래스의 추상화 상위 클래스이다. 이 클래스에서는 다음과 같은 메소드를 제공한다.

[표 11.2] java.lang.Number의 주요 메소드

java.lang.Number 주요 메소드	
byte byteValue()	해당 객체의 값을 byte 값으로 return
abstract double doubleValue()	해당 객체의 값을 double 값으로 return
abstract float floatValue()	해당 객체의 값을 float 값으로 return
abstract int intValue()	해당 객체의 값을 int 값으로 return
abstract long longValue()	해당 객체의 값을 long 값으로 return
short shortValue()	해당 객체의 값을 short 값으로 return

위의 그림에서 보듯이 Number 클래스의 자손들은 자바의 기본형 중에서 수에 관련된 것

이다. 그리고 이들의 사용법 또한 거의 비슷하다. 여기서는 Integer 클래스와 Double 클래스에 대한 속성과 메소드를 설명하고 이의 사용 예제를 들도록 하겠다.

11.2.2 Integer 클래스

Integer 클래스는 기본형 중에서 int형을 감싸놓은 것이다. 이는 int 형을 다루는데 필요한 상수와 메소드를 제공한다. 특히 이 클래스에서는 스트링을 int형으로 변환하거나 int형을 스트링 형태로 변환하는 메소드를 제공한다.

[표 11.3] java.lang.Integer의 주요 속성, 생성자 그리고 메소드

java.lang.Integer 주요 속성	
static int MAX_VALUE	int형이 가질 수 있는 최대값을 가진다.
static int MIN_VALUE	int형이 가질 수 있는 최소값을 가진다.

java.lang.Integer 주요 생성자	
Integer(int value)	특정 int 값을 표현하는 Integer 객체를 생성한다(파라미터를 int형으로 전달).
Integer(String s)	특정 int 값을 표현하는 Integer 객체를 생성한다(파라미터를 스트링형으로 전달).

java.lang.Integer 주요 메소드	
int intValue()	Integer 객체의 값을 int형의 값 형태로 return
static int parseInt(String s)	주어진 스트링 s를 부호화 10진수로 변환
static String toBinaryString(int i)	주어진 수를 2진수의 문자열로 변환
static String toHexString(int i)	주어진 수를 16진수의 문자열로 변환
static String toOctalString(int i)	주어진 수를 8진수의 문자열로 변환

다음의 예제는 Integer 래퍼 클래스를 이용한 프로그램이다.

```java
public class IntegerExam{
    public static void main(String[] args){

        String str;
        Integer integer = new Integer(255);
        int intVal = 0;

        intVal = integer.intValue();
        System.out.println(intVal);

        str = Integer.toHexString(intVal);
        System.out.println(str);

        str = Integer.toBinaryString(intVal);
        System.out.println(str);

        System.out.println(Integer.MAX_VALUE);
    }
}
```

```
Console ⛶
<terminated> IntegerExam [Java Application] C:\Program Files\Java\jre1.8.0_101\bin\javaw.exe (2016. 9. 14. 오후 4
255
ff
11111111
2147483647
```

11.2.3 Double 클래스

Double 클래스는 기본형 중에서 double형을 감싸놓은 것이다. 이는 double 형을 다루는데 필요한 상수와 메소드를 제공한다. 특히 이 클래스에서는 스트링을 double형으로 변환하거나 double형을 스트링 형태로 변환하는 메소드를 제공한다.

[표 11.4] java.lang.Double의 주요 속성, 생성자 그리고 메소드

java.lang.Double 주요 속성	
static double MAX_VALUE	double형이 가질 수 있는 최대값.
static double MIN_VALUE	double형이 가질 수 있는 최소값.
static double NaN	숫자가 아닌 값. 이 상수는 NaN 값을 얻는 도구이지 테스트 용이 아님. 즉 해당 값이 숫자인지 아닌지를 체크하려면 isNaN 메소드를 사용할 것
static double NEGATIVE_INFINITY	음의 무한대 값
static double POSITIVE_INFINITY	양의 무한대 값

java.lang.Double 주요 생성자	
Double(double value)	특정 double 값을 표현하는 Double 객체를 생성한다(파라메터를 double형으로 전달).
Double(String s)	특정 double 값을 표현하는 Double 객체를 생성한다(파라메터를 스트링형으로 전달).

java.lang.Double 주요 메소드	
double doubleValue()	Double 객체의 값을 double형의 값 형태로 return
boolean isNaN()	Double 객체의 값이 NaN에 해당하면 true, 그렇지 않으면 false
static boolean isNaN(double v)	주어진 double형 변수 v의 값이 NaN에 해당하면 true, 그렇지 않으면 false
static double parseDouble(String s)	주어진 스트링 s가 나타내는 값을 double형으로 변환하여 return

다음의 예제는 Double 래퍼 클래스를 이용하여 실수값에 해당하는 객체를 생성하고 값을 뽑아낸다든지 혹은 스트링의 실수값을 dobule형의 값으로 산출하는 프로그램이다.

```
DoubleExam.java ☒
 1  public class DoubleExam{
 2      public static void main(String[] args){
 3          String str;
 4          Double doubleObj = new Double("3.14");
 5          double doubleVar = 0.0;
 6
 7          doubleVar = doubleObj.doubleValue();
 8          System.out.println(doubleVar);
 9
10          doubleVar = Double.parseDouble("2.18");
11          System.out.println(doubleVar);
12      }
13  }
14
```

```
Console ☒                                    ▣ ✗ ✖ | ⬛ ⬛ | 🗗🗗 | 🗗 ▣ ▾ 🗗 ▾  ⊟ 🗖
<terminated> DoubleExam [Java Application] C:\Program Files\Java\jre1.8.0_101\bin\javaw.exe (2016. 9. 14. 오후 4
3.14
2.18
```

11.2.4 Character 클래스

Character 클래스는 기본형 중에서 char형을 감싸놓은 것이다. 이는 char 형을 다루는데 필요한 상수와 메소드를 제공한다. 특히 이 클래스에서는 소문자를 대문자로 바꾸거나 혹은 대문자를 소문자로 바꾸는 등 문자와 관련된 여러 유용한 메소드를 제공한다.

[표 11.5] java.lang.Character 주요 속성, 생성자 그리고 메소드

java.lang.Character 주요 속성	
static char MAX_VALUE	char형이 가질 수 있는 최대값.
static double MIN_VALUE	char형이 가질 수 있는 최소값.

java.lang.Character 주요 생성자	
Character(char value)	특정 char 값을 표현하는 Character 객체를 생성한다(파라메터를 char형으로 전달).

java.lang.Character 주요 메소드	
char charValue()	Character 객체의 값을 char형의 값 형태로 return
static boolean isDigit(char ch)	주어진 문자가 숫자인지를 판별, 숫자이면 true 아니면 false
static boolean isLetter(char ch)	주어진 문자가 letter인지를 판별, letter이면 true 아니면 false
static boolean isLowerCase (char ch)	주어진 문자가 소문자인지를 판별, 소문자이면 true 아니면 false
static boolean isUpperCase (char ch)	주어진 문자가 대문자인지를 판별, 대문자이면 true 아니면 false
static boolean isWhitespace (char ch)	주어진 문자가 화이트 스페이스에 해당하는지를 판별, 화이트 스페이스(' ', '\t', '\n', '\f', '\r')이면 true 아니면 false
static char toLowerCase(char ch)	주어진 문자에 해당하는 소문자를 return
static char toUpperCase(char ch)	주어진 문자에 해당하는 대문자를 return

다음의 예제는 Character 래퍼 클래스를 이용하는 프로그램이다.

```java
CharacterExam.java ☒
1  public class CharacterExam{
2      public static void main(String[] args){
3
4          char ch = 'a';
5          char ch1;
6
7          if(Character.isDigit(ch) == true)
8              System.out.println("숫자 입니다.");
9          else
10             System.out.println("문자 입니다.");
11
12         ch1 = Character.toUpperCase(ch);
13
14         System.out.println(ch1);
15     }
16 }
17
```

```
Console ☒
<terminated> CharacterExam [Java Application] C:\Program Files\Java\jre1.8.0_101\bin\javaw.exe (2016. 9. 14. 오후
문자 입니다.
A
```

11.2.5 Boolean 클래스

Boolean 클래스는 기본형 중에서 boolean 형을 감싸놓은 것이다. 이는 boolean 형을 다루는데 필요한 상수와 메소드를 제공한다. 이의 생성규칙과 필드, 메소드는 자바 API 도큐먼트를 참조하기 바란다.

11.3 수학 관련 클래스

자바에서 제공하는 수학 관련 클래로는 java.lang.Math와 java.lang.StrictMath가 있다. 이 두 클래스에 속해있는 메소드의 기능은 같지만 StrictMath 클래스의 메소드가 부동소수점 연산에 있어서 보다 엄격한 규칙을 적용시킨다. 하지만 속도는 Math 클래스의 메소드들이 더욱 빠르다.

Math 클래스는 기본적인 지수 함수, 로그 함수, 제곱근 관련 함수, 그리고 삼각 함수와 같은 수학 함수에 대한 메소드를 가지고 있다. Math 클래스의 메소드와 속성들은 static으로 선언되어져 있으므로 클래스를 통하여 사용이 가능하다. 특히 Math 클래스의 생성자는 protected로 선언이 되어져 있어서 객체를 생성하지도 못한다. Math 클래스는 java.lang 패키지에 존재한다. 다음은 Math 클래스의 중요 속성과 메소드를 뽑아놓은 표이다. 표의 내용 이외에도 많은 종류의 수학 함수가 제공되어지고 있다.

[표 11.6] java.lang.Math 주요 속성과 메소드

java.lang.Math 주요 속성	
static double E	자연 로그의 e값에 해당하는 근사값
static double PI	원주율에 해당하는 근사값

java.lang.Math 주요 메소드	
static data_type abs(data_type a)	해당 변수값에 대한 절대값을 구하는 메소드.
static double log(double a)	double형 변수 a값에 대한 자연 로그 값을 구한다.
static double max(double a, double b)	두개의 double형 값중에서 더 큰값을 구한다.

java.lang.Math 주요 메소드 (계속)	
static double min(double a, double b)	두 개의 double형 값 중에서 더 작은 값을 구한다.
static double pow(dobule a, double b)	첫 번째 인자를 두 번째 인자만큼 지수승한 값을 구한다.
static double random()	0.0 부터 1.0 미만의 double 값을 난수적으로 구한다.
static long round(double a)	인자 a의 값에 가까운 long형 정수값을 구한다.
static double sin(double a)	double형 변수 a에 해당하는 sine 값을 구한다. 단 여기서 a는 각도를 라디안 값으로 표현한 것이다.
static double cos(double a)	double형 변수 a에 해당하는 cosine 값을 구한다. 단 여기서 a는 각도를 라디안 값으로 표현한 것이다.
static double tan(double a)	double형 변수 a에 해당하는 tangent 값을 구한다. 단 여기서 a는 각도를 라디안 값으로 표현한 것이다.

다음의 프로그램은 빗변이 2이고 빗변과 밑변이 60도의 각도를 이루고 있을 때 높이를 구하는 프로그램이다.

```java
public class MathExam{
    public static void main(String[] args){

        double result = 0.0;
        double side = 2.0;
        double angle = 30.0;
        double radiusAngle = 0.0;

        radiusAngle = (angle/180) * Math.PI;   // 각도를 라디안 형식으로 바꿈
        result = side * Math.sin(radiusAngle);  // 높이를 구하는 부분

        System.out.println("The Result : " + result);
    }
}
```

```
🖥 Console 🔀                                      ⬛ ✖ ✖ ▤ ▤ ▤ 🗗🗗 🗗 🖵 ▼ 🗂 ▼ ▭ 🗖
<terminated> MathExam [Java Application] C:₩Program Files₩Java₩jre1.8.0_101₩bin₩javaw.exe (2016. 9. 14. 오후 4:2
The Result : 0.9999999999999999                                                    ⬆
```

위의 프로그램을 보면 우선 각도를 라디안으로 변환한다. 왜냐하면 Math 클래스의 삼각
함수는 라디안 형식의 각도를 인자로 입력 받기 때문이다. 그런 후 이를 이용하여 사인값을
구하고 이를 빗변에 곱하여 높이를 구하고 있다.

🌸 11.4 콜렉션(Collections)

컬렉션은 Java 1.2에서 새로이 포함되었다. 컬렉션은 객체들의 그룹을 표현하는 객체를
일컫는데, 컬렉션 프레임워크는 컬렉션들을 표현하고 조작하는 것을 통합한 하나의 구조이
다. 이렇게 함으로 인해서 대량의 데이터를 다룰 때 일관된 인터페이스를 이용하게 됨으로
프로그래머의 이용과 관리를 보다 쉽게 할 수 있다.

컬렉션 프레임워크를 사용하면 다음과 같은 장점이 있다.

- 프로그래밍의 노력을 감소시킬 수 있다.

- 성능을 향상시킬 수 있다.

- 관련성이 없는 API들 사이에서 상호 운용성을 제공할 수 있다.

- API를 익히는 수고를 줄일 수 있다.

- API를 설계, 구현하는데 들이는 수고를 줄일 수 있다.

- 재사용성을 증대시킨다.

이클립스와 함께 하는 프로그래밍 기초를 쌓는 JAVA

11.4.1 컬렉션 인터페이스

자바에는 6개의 컬렉션 인터페이스가 있는데 이 중에 가장 기본 인터페이스는 Collection 이다. Collection으로부터 세 개의 인터페이스가 확장되었는데 Set, List, SortedSet이다. 그리고 Map 과 SortedMap이 있는데 이들은 Collection으로부터 확장된 것들이 아니다. 이들은 Collection과는 다르지만 조작하는 것은 Collection처럼 하면 된다. 이를 그림으로 표현하면 다음과 같다 sortedSet

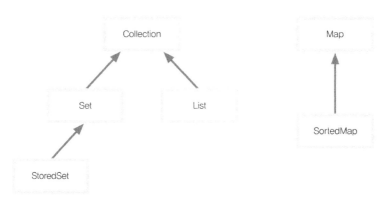

[그림 11.3] 자바의 컬렉션 인터페이스

위의 그림에서의 인터페이스를 간단히 살펴보면 다음과 같다.

- **java.util.Collection** : 컬렉션의 계층 구조에서 루트 인터페이스이다. 컬렉션은 객체들의 그룹을 나타내는데 몇몇 컬렉션 클래스들은 중복을 허용하고 나머지는 허용치 않는다. 그리고 몇몇은 순서화되어지고 나머지는 순서화되지 않는다.

- **java.util.List** : 순서화된 컬렉션이다(시퀀스라고도 한다). 객체가 시작과 끝을 가지고서 처음부터 끝까지 선형적으로 저장이 된다. 사용자는 리스트에서의 위치값으로 요소에 접근이 가능하고 탐색 또한 가능하다. 이는 전혀 순서가 없는 Set과는 대비된다.

- **java.util.Set** : 중복된 요소를 가지지 않는 컬렉션이다. 이 인터페이스는 수학에서의 집합을 추상화한 것이다.

- **java.util.SortedSet** : 요소의 자연적인 순서에 따라 순서지워지던지 아니면 제공되어진 Comparator에 의해 정렬이 된 Set이다.

● java.util.Map : Map은 Key와 Value의 쌍으로 이루어진 집합이다. Map은 중복된 키를 허용하지 않고 각각의 키는 적어도 하나의 값에는 대응을 하여야한다. Map은 Set이나 List와는 달리 Collection 인터페이스를 상속하지 않은 독자적인 구조이다.

● java.util.SortedMap : 키의 오름차순으로 정렬되거나, 키의 자연적인 순서에 따라 순서지워지던지 아니면 제공되어진 Comparator에 의해 정렬되는 Map이다.

11.4.2 컬렉션 구현

컬렉션 인터페이스를 구현한 클래스는 보통 이름을 〈Implementation-style〉〈Interface〉로 붙인다.

(1) Iterator

컬렉션내의 객체의 처리를 위하여 Iterator라는 인터페이스를 제공한다. Iterator는 컬렉션의 모든 객체를 하나씩 읽는데 사용을 할 수 있다. 컬렉션 객체는 Iterator 유형의 객체를 생성하며 이 Iterator는 특정 순서로 컬렉션 객체내의 모든 객체에 대한 참조를 캡슐화한다. 따라서, 컬렉션내의 객체는 Iterator 인터페이스 메소드를 사용하여 접근될 수 있다. 자바 컬렉션 프레임 워크에서 Iterator 인터페이스는 다음의 구조를 이루고 있다.

[그림 11.4] Iterator 인터페이스와 ListIterator 인터페이스의 관계

Iterator 인터페이스에 존재하는 메소드에 대해 알아보자.

[표 11.1] java.util.Interator 인터페이스의 메소드

java.util.Iterator 메소드	
boolean hasNext()	next() 메소드에 의해 읽혀질 메소드가 존재하면 true, 그렇지 않으면 false
Object next()	다음번 객체가 반환된다. 다음번 요소가 없으면 NoSuchElement-Exception 예외 발생.
void remove()	iterator에 의해 마지막으로 return된 요소가 제거됨.

ListIterator 인터페이스에 존재하는 메소드에 대해 알아보자.

[표 11.2] java.util.Iterator와 java.util.ListIterator의 메소드

java.util.ListIterator 메소드	
void add(Object o)	해당 요소를 리스트에 삽입.
boolean hasNext()	리스트의 순방향으로 읽혀질 수 있는 요소가 있으면 true, 그렇지 않으면 false
boolean hasPrevious()	리스트의 역방향으로 읽혀질 수 있는 요소가 있으면 true, 그렇지 않으면 false
Object next()	리스트의 다음번 요소를 반환
int nextIndex()	next() 메소드의 호출로 구해진 요소의 index값을 반환
Object previous()	리스트에서 이전 요소를 반환
void remove()	next() 나 previous() 메소드의 호출로 구해진 가장 마지막 요소를 리스트에서 제거
void set(Object o)	next()나 previous() 메소드의 호출로 구해진 가장 마지막 요소를 인자로 넘어온 o 객체로 대치.

이제 컬렉션 구현에서의 각 요소를 살펴보겠다. 모두 다루기보다 몇 가지를 뽑아서 다루도록 하겠다. 다른 것들은 대등소이하다.

(2) HashSet

이 클래스는 Set 인터페이스를 구현하고 있다. Set은 중복을 허용치않고 순서도 없다. 그러므로 HashSet의 객체에 대하여 Iterator를 통해서 요소를 접근해도 요소에 대하여 항상 같은 순서를 유지하지는 않는다.

[표 11.3] java.util.HashSet의 주요 생성자와 메소드

java.util.HashSet 주요 생성자	
HashSet()	새로운 set을 생성시킨다. 이때 set은 빔.
HashSet(Collection c)	지정된 컬렉션의 요소를 포함하는 새로운 set을 생성.

java.util.HashSet 주요 메소드	
boolean add(Object o)	지정된 요소를 set에 첨가한다. 만약 기존에 있으면 false를 반환
void clear()	이 set에서 모든 요소를 제거.
boolean contains(Object o)	set이 지정된 요소 o를 포함하고 있으면 true 그렇지 않으면 false를 반환
boolean isEmpty()	set이 비어있으면 true 그렇지 않으면 false
Iterator iterator()	set의 요소에 대한 iterator을 반환
boolean remove(Object o)	만약 지정된 요소 o가 존재한다면 이를 set에서 제거.
int size()	set에 존재하는 요소의 개수를 반환

HashSet을 이용한 예제를 살펴보자.

```
HashSetExam.java ⊠
1  import java.util.*;
2
3  public class HashSetExam {
4      public static void main(String[] args) {
5
6          String strCity;
7          HashSet citySet = new HashSet();
8
9          citySet.add("서울");              // 1. 데이타 입력 부분
10         citySet.add("대전");
11         citySet.add("대구");
12         citySet.add("부산");
13
```

```
14        System.out.print("초기 데이타 Set : ");
15        System.out.println(citySet);
16
17        citySet.remove("대전");            // 2. 데이타 제거
18        System.out.print("데이타 Set : ");
19        System.out.println(citySet);
20
21        citySet.add("광주");               // 3. 데이타 삽입
22
23        Iterator iterator = citySet.iterator();  // 4. Iterator를 통한 요소 접근
24        System.out.print("데이타 Set : ");
25
26        while(iterator.hasNext() == true){
27            strCity = (String)iterator.next();
28            System.out.print(strCity + " ");
29        }
30
31         System.out.println("");
32    }
33 }
34
```

```
🖵 Console ✕                              ▣ ✖ ※ | ▣ ▣ ▣ | ▣▣ ▣ ▣ ▾ ▣ ▾ ▭ ▭
<terminated> HashSetExam [Java Application] C:₩Program Files₩Java₩jre1.8.0_101₩bin₩javaw.exe (2016. 9. 14. 오후
초기 데이타 Set : [대전, 서울, 부산, 대구]
데이타 Set : [서울, 부산, 대구]
데이타 Set : 서울 부산 대구 광주
```

위의 프로그램에서는 빈 HashSet 객체를 생성하고 이에 "서울", "대전", "대구", "부산"
이라는 요소를 삽입한다(1 부분). 그런 후 이를 출력하고 여기서 remove 메소드를 이용하여
"대전" 요소를 제거하고 있다(2부분). add 메소드를 이용하여 "광주" 요소를 삽입하고있다.
이렇게 데이터가 설정된 HashSet 객체를 Iterator 객체를 얻어 요소에 접근하여 보자. 이를
위하여 iterator() 메소드를 이용하여 Iterator객체를 구한다. Iterator 객체의 hasNext 메소
드와 next 메소드를 이용하여 HashSet 객체의 요소를 조작하고 있다.

결과의 출력을 보면 처음 입력시에 "서울", "대전", "대구", "부산"의 순서로 입력을 하
였다. 하지만 출력의 양상을 보면 입력한 순서대로 되지않았다. 뿐만 아니라 Iterator를 통
한 접근도 순서가 지켜지지는 않았다. 이는 HashSet이 Set 인터페이스를 구현하고 있으므
로 중복을 허용치 않고 순서도 없기 때문이다.

(3) ArrayList

ArrayList는 List 인터페이스를 구현한 가변의 배열이다. 이는 List 인터페이스를 구현하였으므로 Set과는 달리 순서가 있으며 중복된 값도 허용한다. 그리고 null을 요소로 가질 수도 있으며 배열의 크기가 가변이다.

[표 11.4] java.util.ArrayList의 주요 생성자와 메소드

java.util.ArrayList 주요 생성자	
ArrayList()	초기의 용량은 10인 빈 list를 생성.
ArrayList(Collection c)	지정된 컬렉션의 요소들을 가지는 list를 생성.
ArrayList(int initialCapacity)	특정 초기 용량을 가진 빈 list를 생성.

java.util.ArrayList 주요 메소드	
boolean add(Object o)	리스트의 끝에 지정한 요소를 덧붙임.
void add(int index,Object element)	리스트의 특정위치에 지정한 요소를 삽입.
void clear()	리스트에서 모든 요소들을 제거.
boolean contains(Object o)	리스트가 지정된 요소 o를 포함하고 있으면 true 그렇지 않으면 false를 반환.
boolean isEmpty()	리스트가 비어있으면 true 그렇지 않으면 false
boolean remove(Object o)	만약 지정된 요소 o가 존재한다면 이를 리스트에서 제거.
Object set(int index, Object element)	리스트에서 index가 지칭하는 위치의 요소를 지정된 요소 element로 대치.
int size()	리스트에 존재하는 요소의 개수를 반환

ArrayList를 이용한 예제를 살펴보자.

```
ArrayListExam.java ✕
1 import java.util.*;
2
3 public class ArrayListExam {
4     public static void main(String[] args) {
5
```

```
 6          String strCity;
 7          ArrayList cityList = new ArrayList();
 8
 9          cityList.add("서울");          // 1. cityList에 도시 등록
10          cityList.add("대전");
11          cityList.add("대구");
12          cityList.add("부산");
13          cityList.add("광주");
14          System.out.print("초기 등록 도시 : ");
15          System.out.println(cityList);
16
17          cityList.remove("대구");        // 2. 리스트에서 "대구" 제거
18          cityList.add("원주");           // 3. 리스트에 "원주" 추가
19                                          // 4. Iterator를 이용한 요소 접근
20          ListIterator iterator = cityList.listIterator();
21          System.out.print("수정된 등록 도시 : ");
22
23          while(iterator.hasNext() == true){
24              System.out.print((String)iterator.next() + " ");
25          }
26      }
27 }
28
```

📺 Console ✕

\<terminated\> ArrayListExam [Java Application] C:\Program Files\Java\jre1.8.0_101\bin\javaw.exe (2016. 9. 14. 오후
초기 등록 도시 : [서울, 대전, 대구, 부산, 광주]
수정된 등록 도시 : 서울 대전 부산 광주 원주

결과의 출력을 보면 처음 입력시에 "서울", "대전", "대구", "부산"의 순서로 입력을 하였다. 그리고 출력의 양상을 보면 입력한 순서를 유지하고 있다. 이는 ArrayList가 List 인터페이스를 구현하고 있으므로 중복을 허용하고 순서가 있기 때문이다.

(4) TreeMap

TreeMap은 SortedMap 인터페이스를 구현한 트리이다. TreeMap은 key가 정렬되어있는데, key의 오름차순으로 정렬하거나, key의 클래스에 대하여 natural order에 따라 정렬되거나 혹은 생성시에 주어진 Comparator에 따라서 정렬되어 진다.

[표 11.5] java.util.TreeMap의 주요 생성자와 메소드

java.util.TreeMap 주요 생성자	
TreeMap()	빈 map을 하나 생성한다. 그리고 key의 natural order에 따라 정렬.
TreeMap(Comparator c)	빈 map을 하나 생성한다. 이때 주어진 comparator에 따라서 정렬.
TreeMap(Map m)	주어진 map과 동등한 매핑을 가지는 새로운 맵을 생성한다. key의 natural order에 따라 정렬.

java.util.TreeMap 주요 메소드	
void clear()	모든 매핑된 키와 값의 쌍 제거.
Object firstKey()	정렬된 map에서 첫번째 key를 구함.
Object get(Object key)	특정 key에 해당하는 value값을 반환.
Object lastKey()	정렬된 맵에서 마지막 key를 구함.
Object put(Object key, Object value)	map에 특정 key와 특정 value를 연결하여서 저장.
boolean remove(Object key)	만약 지정된 key가 존재한다면 이를 제거.
int size()	이 map에서 key-value 매핑의 개수를 구함.
SortedMap subMap (Object fromKey, Object toKey)	fromKey에서 toKey사이의 키 영역에 해당하는 key 영역에 대한 부분을 되돌림(여기서 fromKey는 포함되지만 toKey는 포함되지않음).

TreeMap를 이용한 예제를 살펴보자.

```java
TreeMapExam.java ⋈
 1  import java.util.*;
 2
 3  public class TreeMapExam {
 4      public static void main(String[] args) {
 5
 6          String strSport;
 7          Map subMap;
 8          TreeMap treeMap = new TreeMap();   // 1. TreeMap 객체 생성
 9
10          treeMap.put("김병현","야구");
11          treeMap.put("송종국","축구");
12          treeMap.put("박세리","골프");
13          treeMap.put("이형택","테니스");
14
15          strSport = (String)treeMap.get("김병현");   // 2. 키를 통한 값 추출
16          System.out.println(strSport);
17
18          subMap = treeMap.subMap("김병현","송종국");  // 3. 일부 영역을 추출
19          System.out.println(subMap);
20      }
21  }
22
```

위의 프로그램에서는 빈 TreeMap 객체를 생성하고 이에 key-value 쌍의 요소를 삽입한다 (1 부분). 그런 후 get 메소드를 이용하여 "김병현"에 해당하는 value 요소를 구해온다(2부

분). TreeMap 객체에서 특정영역의 부분을 구하여 출력한다(3 부분). 결과는 다음과 같다.

```
🖥 Console ⌗                                    ■ ✖ ✖ 🔒 🔒 🔂 🗗🗗 ➡ 🖥 ▼ 🗂 ▼ ⌐ 🗖
<terminated> TreeMapExam [Java Application] C:\Program Files\Java\jre1.8.0_101\bin\javaw.exe (2016. 9. 14. 오후
야구
{김병현=야구, 박세리=골프}
```

예제에서의 treeMap 객체는 "김병현"과 "야구"가 key-value의 쌍으로 등록되어있다.
여기에 "김병현"이라는 key값에 대하여 value값을 구해내고 있다. 그리고 subMap 메소드
를 이용하여 "김병현"과 "송종국" 사이의 부분을 요소로 가지는 새로운 Map 객체를 구한
다. 여기서 주의할 점은 이 객체에 "김병현"은 들어가지만 "송종국"은 들어가지 않는 다는
점이다.

(5) LinkedList

LinkedList는 List 인터페이스를 구현하였다. 리스트에서의 모든 조건적인 행위와 모든
형태의 요소를 허용하도록 구현하였다. LinkedList는 더블 링크드 리스트 형태로 구현하였
기 때문에 데이터의 삽입과 삭제가 빈번한 경우 ArrayList보다 성능이 좋다. 왜냐하면 순서
를 지정하는 방식이 LinkedList가 더 효율적이기 때문이다. 그리고 LinkedList는 리스트의
시작과 끝에서 객체를 삽입, 삭제, 추출의 메소드를 추가로 가지고 있어서 stack, queue,
혹은 double-ended queue와 같은 자료구조를 구축하는데 편리하다.

[표 11.6] java.util.LinkedList의 주요 생성자와 메소드

java.util.LinkedList 주요 생성자	
LinkedList()	빈 리스트를 생성.
LinkedList(Collection c)	지정된 컬렉션 c의 요소를 가지는 리스트를 생성.

java.util.LinkedList 주요 메소드	
void add(int index, Object element)	리스트에서 index가 지정하는 위치에 element 요소를 삽입.
void add(Object o)	리스트의 끝에 지정된 요소 o를 덧붙임.
void addFirst(Object o)	리스트의 시작지점에 주어진 요소 o를 덧붙임.
void addLast(Object o)	리스트의 끝지점에 주어진 요소 o를 덧붙임.
void clear()	리스트로부터 모든 요소를 제거.
boolean contains(Object o)	리스트에 해당 요소 o가 존재하는 지의 여부를 반환. 있으면 true, 없으면 false
Object get(int index)	리스트의 지정된 위치 index에 있는 요소를 반환
Object getFirst()	리스트의 첫 요소를 반환
Object getLast()	리스트의 마지막 요소를 반환
Object remove(int index)	리스트의 지정된 위치의 요소를 제거.
Object removeFirst()	리스트의 첫 요소를 제거.
Object removeLast()	리스트의 마지막 요소를 제거.
Object set(int index, Object element)	리스트의 지정된 위치 index에 있는 요소와 지정된 요소 element를 대치.
int size()	리스트에 요소의 개수를 구함.

LinkedList를 이용한 예제를 살펴보자.

```java
LinkedListExam.java ⌗
 1 import java.util.*;
 2
 3 public class LinkedListExam{
 4    public static void main(String[] args) {
 5
 6        LinkedList linkedList = new LinkedList();   // 1. 생성
 7
 8        linkedList.add("박중훈");                      // 2. 요소 등록
 9        linkedList.add("설경구");
10        linkedList.add("이경규");
11        linkedList.add("장동건");
12
13        System.out.print("영화배우 이름순 리스트:");
14        System.out.println(linkedList);
15
16        linkedList.addFirst("명계남");                 // 3. 첫요소로 등록
17
18        System.out.print("영화배우 이름순 리스트:");
19        System.out.println(linkedList);
20        linkedList.set(3,"안성기");                    // 4. 네번째 요소를 대치시킴
21
22        System.out.print("영화배우 이름순 리스트:");
23        System.out.println(linkedList);
24    }
25 }
26
```

```
Console ⌗
<terminated> LinkedListExam [Java Application] C:\Program Files\Java\jre1.8.0_101\bin\javaw.exe (2016. 9. 14. 오후
영화배우 이름순 리스트:[박중훈, 설경구, 이경규, 장동건]
영화배우 이름순 리스트:[명계남, 박중훈, 설경구, 이경규, 장동건]
영화배우 이름순 리스트:[명계남, 박중훈, 설경구, 안성기, 장동건]
```

위의 프로그램에서는 빈 linkedList 객체를 생성하고 이에 요소들을 삽입한다(1,2 부분). 그런 후 addFirst 메소드를 이용하여 "명계남" 요소를 리스트의 처음에 등록시킨다(3부분). 네 번째 요소 "이경규"를 "안성기"로 대치시킨다. 이 경우 set 메소드를 사용하는데 첫 번째 인자는 변경할 인자의 위치값을 가진다. 그리고 두 번째 인자는 대치될 요소가 온다. 여기서 주의할 점은 위치값의 시작은 0부터라는 점이다. 즉 맨 첫 번째 요소의 위치값은 0이 되는 것이다. 그러므로 "이경규"요소는 3이라는 값을 갖는다.

중첩 클래스

 이클립스와 함께 하는 프로그래밍 기초를 쌓는 JAVA

12.1 소개

이제까지 클래스의 구성요소로는 멤버 변수와 멤버 메소드가 대부분이었다. 하지만 클래스가 다른 클래스의 멤버가 될 수도 있다. 또는 클래스를 코드 블록 내에 정의할 수도 있다. 이렇게 다른 클래스의 멤버가 되는 클래스나 혹은 코드 블록 내에 정의된 클래스를 중첩된 클래스라 한다.

클래스의 유형을 크게 나누어보면 패키지 멤버 클래스와 중첩된 클래스로 나눌 수 있다. 중첩된 클래스의 유형으로는 중첩된 최상위 클래스, 멤버 클래스, 지역 클래스 그리고 익명 클래스로 나눌 수 있다.

12.2 일반 클래스

일반 클래스 또는 패키지 멤버 클래스는 패키지의 직접적인 멤버인 보통의 클래스나 인터페이스와 같이 자바 가상 머신에 의해 직접 인식되는 유일한 클래스 유형이다. 지금까지 봐왔던 보통의 클래스들이다.

```java
// OuterClassExam.java

class OuterClass{
    private String strMsg;

    public OuterClass(){
        strMsg = "Outer Class";
    }

    public void showData(){
        System.out.println(strMsg);
    }
}

public class OuterClassExam{
    public static void main(String[] args){
        OuterClass outerClass = new OuterClass();
        outerClass.showData();
    }
}
```

12.3 중첩 클래스

중첩 클래스는 패키지에 직접적으로 선언된 것이 아니라 클래스 내에 선언되거나 혹은 코드블록 내에 선언된 클래스이다. 이의 종류에는 중첩된 최상위 클래스, 멤버 클래스, 지역 클래스, 익명 클래스가 존재한다.

12.3.1 중첩된 최상위 클래스

중첩된 최상위 클래스는 패키지 멤버 클래스 내에 static 멤버로 선언되어있는 클래스이다. 이들은 비록 패키지의 멤버는 아니지만 외부에서 자신만의 인스턴스를 만들 수 있다는 점에서 최상위 클래스로 분류된다. 중첩된 최상위 클래스는 일반적인 패키지 멤버 클래스와 유사하나 편리성을 위해서 다른 클래스나 인터페이스에 포함된 것이다. 이들은 항상 static으로 선언되어야 하며, 최상위 클래스나 인터페이스에만 포함될 수 있고 다른 내부 클래스에는 포함될 수 없다.

```java
class OuterClass{
    private String strMsg;

    public OuterClass(){
        strMsg = "Outer Class";
    }

    public void showData(){
        System.out.println(strMsg);
    }

    public static class StaticInnerClass{
        private String strMsg;

        public StaticInnerClass(){
            strMsg = "Static Inner Class";
        }

        public void showData(){
            System.out.println(strMsg);
        }
    }
}
```

```
25  public class StaticInnerClassExam{
26      public static void main(String[] args){
27
28          OuterClass.StaticInnerClass staticInnerClass =
29              new OuterClass.StaticInnerClass();
30          staticInnerClass.showData();
31      }
32  }
33
```

중첩된 최상위 클래스를 사용하기 위해서는 이를 포함하는 클래스의 이름을 통하여 접근이 가능하다. 그리고 이러한 중첩된 최상위 클래스는 외부_클래스명$중첩된_최상위_클래스명.class 라는 이름의 클래스 파일로 컴파일된다.

12.3.2 멤버 클래스

멤버 클래스는 클래스 내에 멤버 변수나 멤버 함수들처럼 선언되어 있는 클래스이다. 이는 멤버로 존재하므로 멤버 메소드나 멤버 필드들처럼 public, private, static, final 등의 제한자를 사용할 수 있다. 이러한 멤버 클래스는 다음과 같은 특성을 지닌다.

- 첫째 : 멤버 클래스는 자신을 포함하는 외부 클래스의 모든 멤버를 사용, 참조할 수 있다.

- 둘째 : 멤버 클래스는 상수를 제외한 정적 멤버를 가질 수 없다.

- 셋째 : 멤버 클래스는 중첩된 최상위 클래스와는 달리 클래스 바깥에서 독립적으로 생성이 안된다.

```
InnerClassExam.java ☒
 1  class OuterClass{
 2      private int testValue;
 3      private InnerClass innerClass;
 4
 5      public class InnerClass{
 6          private int innerValue;
 7          final static int INNER_CONST = 3;   // 상수 선언은 허용됨
 8          // static int staticValue;          // 상수를 제외한 정적변수는 에러
 9
10          public void setTestValue(int iValue){
11              testValue = iValue;             // 외부 클래스의 멤버를 사용 가능
12          }
13      }
```

```
15      public OuterClass(){
16          testValue = 0;
17      }
18
19      public OuterClass(int iValue){
20          testValue = iValue;
21      }
22
23      public void showTestValue(){
24          System.out.println("The Test Value : " + testValue);
25      }
26
27      public InnerClass getInnerClassObject(){
28          if(innerClass == null)
29              innerClass = new InnerClass();
30          return innerClass;
31      }
32 }
33
```

```
34 public class InnerClassExam{
35     public static void main(String[] args){
36
37         OuterClass outerClass = new OuterClass(3);
38         outerClass.showTestValue();
39
40         OuterClass.InnerClass innerClass;
41         innerClass = outerClass.getInnerClassObject();
42
43         innerClass.setTestValue(5);
44
45         outerClass.showTestValue();
46     }
47 }
48
49
```

OuterClass 클래스 내에 존재하는 InnerClass 클래스는 멤버 클래스이다. 이러한 멤버 클래스 내에는 정적인 요소를 가지지 못한다. 물론 일반 멤버 변수나 멤버 메소드를 가지는 것은 전혀 문제가 없으며 사용자 정의 상수를 가지는 것도 허용된다. 멤버 클래스에도 다른 멤버(변수, 메소드)들과 마찬가지로 접근 지정자를 가질 수 있다.

멤버 클래스도 내부 클래스이므로 InnerClass 클래스의 멤버 메소드에서 OuterClass 클래스의 멤버를 접근 사용하는 것이 가능하다. InnerClass 클래스의 setTestValue 메소드에서 OuterClass 클래스의 testValue를 사용하고 있음을 유의하라.

12.3.3 지역 클래스

지역 클래스는 코드 블록 내부에서만 존재하는 클래스이다. 이 클래스는 해당 블록 내에서만 유효하다. 지역 클래스는 멤버가 아니므로 public, private, static, final 등의 제한자가 올 수 없다. 블록의 scope와 클래스의 scope가 동일하기 때문이다.

```java
LocalClassExam.java ⌧
 1  class OuterClass{
 2      private int testValue;
 3
 4      public OuterClass(){
 5          testValue = 3;
 6      }
 7
 8      public void changeValue(int value){
 9          class LocalClass{
10              public void changeTestValue(int iValue){
11                  testValue = iValue;
12              }
13          }
14
15          LocalClass localClass = new LocalClass();
16          localClass.changeTestValue(value);
17      }
18
19      public void showTestValue(){
20          System.out.println("Test Value is " + testValue);
21      }
22  }
23
24  public class LocalClassExam{
25      public static void main(String[] args){
26          OuterClass outerClass = new OuterClass();
27          outerClass.showTestValue();
28
29          outerClass.changeValue(5);
30          outerClass.showTestValue();
31      }
32  }
33
```

위의 예에서 OuterClass 클래스의 changeValue() 메소드 내에 정의된 LocalClass 클래스는 지역 클래스이다. 지역 클래스는 메소드 내에 지역 변수처럼 사용이 되며 해당 지역을 벗어나면 이 클래스에 접근이 되지 않는다. 지역 클래스에서도 이를 둘러싸고 있는 외부 클래스의 멤버들을 접근 이용할 수 있다.

12.3.4 익명 클래스

익명 클래스는 이름이 없는 클래스이다. 지역 클래스의 이름이 별 의미가 없을 때, 아예 생략을 허용한다. 지역 클래스이므로 역시 블록 내에서만 유효하며 보통 블록 내에서 new 예약어와 함께 사용된다. 이러한 익명 클래스는 간단한 클래스의 확장이나 단순한 인터페이스의 구현에 많이 사용된다.

```java
🗍 AnonymousClassExam.java ⊠                                              ⊓ 🗖
 1  class OuterClass{
 2      private int testValue;
 3
 4      public OuterClass(){
 5          testValue = 3;
 6      }
 7
 8      public void showTestValue(){
 9          System.out.println("Test Value : " + testValue);
10      }
11
12      interface ValueChangeAble{
13          public void changeValue(int iValue);
14      }
15
16      public void changeValue(int iValue){
17          ValueChangeAble valueChangeAble = new ValueChangeAble(){
18              public void changeValue(int iValue){
19                  testValue = iValue;
20              }
21          };
22
23          valueChangeAble.changeValue(iValue);
24      }
25  }
26
27  public class AnonymousClassExam{
28      public static void main(String[] args){
29
30          OuterClass outerClass = new OuterClass();
31          outerClass.showTestValue();
32          outerClass.changeValue(5);
33          outerClass.showTestValue();
34      }
35  }
36
```

익명 클래스를 생성하기 위하여 ValueChangeAble이라는 인터페이스를 선언하였다. 그리고 chageValue() 메소드에서 따로 클래스의 이름을 두지 않고 인터페이스의 이름을 이용하여 객체를 생성하였다. 이 경우 객체 생성에 이용되는 클래스의 특별한 이름이 없으므로 익명 클래스를 사용한 객체 생성이라 한다. 익명 클래스를 이용한 객체 생성도 이름만 없다 뿐이지 지역 클래스와 동일한 속성을 지닌다. 자신을 포함하는 외부 클래스의 멤버를 이용할 수 있다

이제 까지 보아왔던 중첩된 클래스의 가장 큰 특징은 이들은 자신을 포함한 클래스의 멤버들에 접근이 자유스럽다는 것이다. 해당 멤버가 private 지정자를 가지고 있다고 할지라도 접근이 가능하다. 이제까지 한 클래스에서 다른 클래스의 멤버를 사용하기 위해서는 사용하려는 멤버 함수나 멤버 변수의 속성이 public해야 했다. public한 속성은 외부에서 마음껏 접근이 가능하다. 만약 특정 클래스에게만 public하고 그 외의 클래스에게는 private로 접근

제어를 하게 할 방법은 없을까? 이의 해결책이 중첩된 클래스이다. 중첩된 클래스는 자신을 포함하는 클래스의 모든 멤버들에게(private할지라도) 자유롭게 접근할 수 있다. 이러한 특징으로 인해 자바의 이벤트 처리에 아주 유용하게 사용된다. 특히, 멤버 클래스나 익명클래스를 많이 이용한다. 앞에서 설명한 클래스의 종류와 특징을 표로 정리하면 다음과 같다.

[표 12.1] 클래스의 유형

클래스 유형		설 명
일반 클래스 (패키지 멤버 클래스)		패키지의 직접적인 멤버인 보통의 클래스나 인터페이스, 자바 가상 머신에 의해 직접 인식되는 유일한 클래스
중첩 클래스	중첩된 최상위 클래스	일반 클래스 내에 static(정적) 멤버로 선언되어있는 클래스, 모든 인터페이스는 묵시적으로 정적이다.
	멤버 클래스	클래스 내에 비정적인 멤버로 선언된 클래스
	지역 클래스	메소드의 코드 블록 내부에서만 존재하는 클래스. 이 클래스는 해당 블록 내에서만 유효하다.
	익명 클래스	몸체만 정의되고 이름이 없는 클래스. 1회용으로 하나의 인스턴스만 생성

이클립스와 함께 하는 프로그래밍 기초를 쌓는 JAVA

13.1 소개

지금까지 텍스트 기반의 프로그램을 작성하였다. 하지만 요즘 작성되는 대부분의 프로그램은 그래픽 기반이 대부분이다. 자바에서는 이러한 그래픽 기반의 GUI 프로그램을 위하여 다양한 컴퍼넌트를 제공한. AWT는 GUI 프로그램을 위하여 자바에서 제공하는 툴킷이다.

AWT 툴킷은 대부분의 자바 플랫폼 뿐만 아니라 웹 브라우저에서도 사용이 가능하다. AWT 컴퍼넌트들은 플랫폼에서 제공하는 컴퍼넌트를 그대로 사용한다. AWT를 사용한 자바 프로그램은 모양이 해당 시스템의 GUI 프로그램과 비슷하게 보이게 된다. AWT를 이용한 자바 프로그램은 실행하는 플랫폼이 변할 때마다 다르게 보이거나 동작 방식이 다르게 나타나기도 한다. 즉 동일한 프로그램이라도 윈도우 환경하에서 동작할 때와 리눅스 환경 하에서 동작할 때 다르게 나타난다.

AWT는 화면을 구성하는 컴퍼넌트, 이들 컴퍼넌트가 화면에 배치되는 것을 담당하는 배치 관리자, 컴퍼넌트에서 발생하는 이벤트, 그리고 이러한 이벤트를 처리하는 이벤트 리스너 등으로 구성된다.

13.2 AWT 컴퍼넌트

우선 화면을 구성하는 컴퍼넌트에 대하여 알아보도록 하자. 자바에서 AWT 컴퍼넌트는 [그림 13.1]과 같이 구성되어있다.

java.awt.Component는 AWT 컴퍼넌트들의 최상위 클래스이다. 이 하위의 java.awt. Container는 다른 컴퍼넌트를 포함할 수 있는 컨테이너의 최상위 클래스이다.

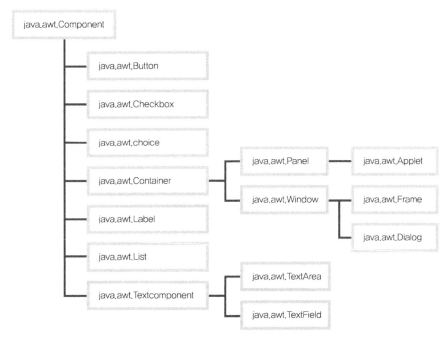

[그림 13.1] AWT 컴퍼넌트의 계층도

[표 13.1] java.awt.Container의 주요 메소드

java.awt.Container 클래스의 주요 메소드	
Component add(Component comp)	해당 컴퍼넌트(comp)를 컨테이너의 마지막에 덧붙인다.
Component add(Component comp, int index)	해당 컴퍼넌트(comp)를 컨테이너의 주어진 위치(index)에 덧붙인다.
Component add(String name, Component comp)	해당 컴퍼넌트(comp)를 컨테이너의 주어진 위치에 덧붙인다.
Component findComponentAt (int x, int y)	해당 위치의 컴퍼넌트를 찾아서 되돌려 준다.
void remove(Component comp)	해당 컴퍼넌트를 컨테이너에서 제거한다.
void setFont(Font f)	폰트를 지정한다.

우선 컨테이너 클래스 중 Window 클래스와 그 하위 클래스에 대하여 알아보도록 하겠다. 먼저 Frame 클래스에 대하여 알아보자.

13.2.1 프레임(Frame)

프레임은 타이틀과 테두리가 있는 최상위 윈도우이다. 프레임은 컨테이너의 하위 클래스이므로 당연히 AWT 컴퍼넌트를 포함할 수 있다. 그리고 메뉴를 가질 수 있다. 프레임은 GUI 프로그램의 본체를 제작하는데 많이 사용된다. 다음은 프레임의 주요 필드와 주요 메소드들이다.

[표 13.2] java.awt.Frame의 주요 메소드

java.awt.Frame 주요 생성자	
Frame()	프래임의 객체를 생성한다. (초기상태는 보이지 않게 설정되어있음)
Frame(String title)	해당 스트링을 제목으로 가지는 프레임을 생성한다. (초기 상태는 보이지 않게 설정되어 있음)

java.awt.Frame 주요 메소드	
MenuBar getMenuBar()	프레임의 메뉴바를 돌려준다.
int getState()	프레임의 상태를 돌려준다.
String getTitle()	프레임의 타이틀을 돌려준다.
void setMenuBar(MenuBar mb)	프레임의 메뉴바를 설정한다.
void setState(int state)	프레임의 상태를 정한다.
void setTitle(String title)	프레임의 타이틀을 정한다.

```java
FrameExam.java ☒
1  import java.awt.*;
2
3  public class FrameExam{
4      public static void main(String[] args){
5          Frame frame = new Frame("Frame Test");
6          frame.setSize(300,400);
7          frame.setVisible(true);
8      }
9  }
10
```

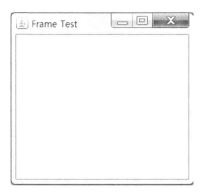

위는 간단한 프레임 프로그램이다. 이 프로그램은 "Frame Test"라는 타이틀을 가진 프레임을 생성하고 이의 사이즈를 폭 300, 높이 400으로 지정한다. 그리고 이 프레임을 보여준다. 프레임 객체의 setVisible 함수를 호출하지 않으면 화면에 보이지 않는다.

하지만 보통 위와 같이 프로그램을 작성하지는 않고 Frame 클래스에서 상속을 통하여 자신만의 프레임 클래스를 만들어서 프레임을 생성한다. 그리고 자신이 포함하는 컴퍼넌트들을 멤버로 가지는 구조를 띤다.

```java
FrameExam1.java ⊠
 1  import java.awt.*;
 2
 3  class MainFrame extends Frame{
 4      public MainFrame(String str){
 5              super(str);
 6      }
 7  }
 8
 9  public class FrameExam1{
10      public static void main(String[] args) {
11          MainFrame mainFrame = new MainFrame("Main Frame");
12          mainFrame.setBounds(100,100,300,400);
13          mainFrame.setVisible(true);
14      }
15  }
16
```

앞으로는 이러한 방식으로 프로그램을 작성할 것이다. setBounds 메소드는 창이 보여질 위치를 지정해준다. 즉 위의 코드에서는 (100,100)에서 (300,400)까지의 사각형을 크기로 하는 창을 설정한다.

13.2.2 윈도우(Window)

Window는 테두리나 메뉴바가 없는 최상위 윈도우이다. 윈도우 또한 컨테이너 클래스에서 상속되었으므로 내부에 다른 컴퍼넌트를 포함할 수 있다. 윈도우는 최소화, 최대화, 종료 버튼도 없는 아주 단순한 윈도우이다.

```java
WindowExam.java
1  import java.awt.*;
2
3  class MainFrame extends Frame{
4      private Window win;
5
6      public MainFrame(String strTitle){
7          super(strTitle);
8
9          win = new Window(this);
10         win.setBounds(150,250,200,300);
11         win.setBackground(Color.green);
12         win.show();
13         win.toFront();
14     }
15 }
16
17
18 public class WindowExam{
19     public static void main(String[] args){
20
21         MainFrame frm = new MainFrame("Frame Exam");
22         frm.setBounds(100,200,300,400);
23         frm.setVisible(true);
24     }
25 }
26
```

윈도우는 생성시에 소유자를 지정해주어야 한다. 이 예제에서는 MainFrame 객체를 소유자로하여 윈도우를 생성하고 (150,250)에서 (200,300)의 영역을 설정하고 이 사각형 영역을 녹색으로 설정한 후 이를 보여주게 show 메서드를 호출하였다. 윈도우도 보여지기 위해서는 반드시 show 메소드가 호출되어야 한다.

위의 예제를 실행시켜 보면 녹색의 사각형 창이 나타날 것이다. 이는 기본적인 최소화, 최대화, 종료 버튼도 없다. 프레임을 옮겨봐도 이 녹색의 창은 그대로 있을 것이다. 하지만 이 윈도우의 소유주인 프레임을 최소화시키면 윈도우도 같이 최소화되고 프레임을 다시 이전 상태로 되돌리면 윈도우도 같이 나타날 것이다.

이제 화면을 구성하는 요소인 컴퍼넌트들에 대하여 알아보자. 자바 AWT에서 제공하는 컴퍼넌트로는 Button, Checkbox, Choice, Container, Label, List, TextComponent 등이 있다. 이중에서 Container는 다른 컴퍼넌트를 포함할 수 있는 컴퍼넌트로 이에 대해서는 앞에서 Window와 Frame을 살펴보았다.

컨테이너 컴퍼넌트를 제외한 컴퍼넌트는 단독으로 생성되어서 나타날 수는 없다. 이들은 항상 생성되고, 컨테이너 클래스에 배치된 후 나타난다. 그리고 컴퍼넌트는 상황에 따라 이벤트를 발생시키는 역할을 한다. 컴퍼넌트의 배치는 레이아웃 매니저에서 그리고 이벤트에 대해서는 이벤트 처리 절에서 설명하도록 하겠다. 여기서는 각 컴퍼넌트에 대한 설명을 하도록 하겠다.

13.2.3 버튼

버튼은 사용자에게서 입력을 받아들이기 위한 요소로 사용된다. 보통의 경우 마우스의 입력을 받아들이는 데 사용된다. 버튼을 생성하고 이를 프레임에 배치하는 예제이다.

```java
ButtonExam.java
1   import java.awt.*;
2
3   class MainFrame extends Frame{
4       private Button btnEast;
5       private Button btnWest;
6       private Button btnSouth;
7       private Button btnNorth;
8       private Button btnCenter;
9
10      public MainFrame(String strTitle){
11          super(strTitle);
12
13          btnEast = new Button("동쪽");
14          btnWest = new Button("서쪽");
15          btnSouth = new Button("남쪽");
16          btnNorth = new Button("북쪽");
17          btnCenter = new Button("가운데");
18
19          this.add(btnEast,BorderLayout.EAST);
20          this.add(btnWest,BorderLayout.WEST);
21          this.add(btnSouth,BorderLayout.SOUTH);
22          this.add(btnNorth,BorderLayout.NORTH);
23          this.add(btnCenter,BorderLayout.CENTER);
24      }
25  }
26
27  public class ButtonExam{
28      public static void main(String[] args) {
29          MainFrame mainFrame = new MainFrame("MainFrame");
30
31          mainFrame.setBounds(100,100,300,200);
32          mainFrame.setVisible(true);
33      }
34  }
35
```

Button btnEast = new Button("동쪽");으로 버튼을 생성하고 add 메소드를 이용하여 프레임에 배치한다. 물론 이때 컴퍼넌트는 레이아웃 매니저의 도움을 받아 프레임에 배치된다. 배치에 관해서는 레이아웃 매니저 절에서 설명하도록 하고 여기서는 버튼 컴퍼넌트의 생성에 대하여서만 주의하기 바란다.

13.2.4 레이블

레이블은 읽기 전용의 문자열을 나타내기 위한 컴퍼넌트이다. 이 문자열은 프로그램에 의해 변경될 수는 있지만 사용자가 직접적으로 수정하지는 못한다.

```java
import java.awt.*;

class MainFrame extends Frame{
    private Label lblNorth;
    private Label lblCenter;
    private Label lblSouth;

    public MainFrame(String strTitle){
        super(strTitle);

        lblNorth = new Label("Hello World");
        lblCenter = new Label("This is Label Test.");
        lblSouth = new Label("Hello World");

        this.add(lblNorth,BorderLayout.NORTH);
        this.add(lblCenter,BorderLayout.CENTER);
        lblCenter.setAlignment(Label.CENTER);
        this.add(lblSouth,BorderLayout.SOUTH);
        lblSouth.setAlignment(Label.RIGHT);
    }
}

public class LabelExam{
    public static void main(String[] args) {
        MainFrame mainFrame = new MainFrame("MainFrame");

        mainFrame.setBounds(100,100,300,200);
        mainFrame.setVisible(true);
    }
}
```

레이블 클래스에서 setAlignment 메소드는 레이블의 텍스트를 위치를 정렬시키는 작용을 한다. 디폴트 값은 좌측 정렬이다.

13.2.5 TextComponent

TextComponent 클래스는 텍스트를 편집할 수 있는 클래스의 상위 클래스이다. TextField와 TextArea는 TextComponent에서 직접적으로 상속받은 클래스이다.

(1) TextField와 TextArea

TextField는 사용자로부터 한 줄의 입력을 처리하는데 비해 TextArea는 여러 줄의 입력을 처리할 수 있다. 물론 TextArea의 경우 필요에 따라서 스크롤 바가 지원되기도 한다.

```java
TextComponentExam.java ☒

1  import java.awt.*;
2
3  class MainFrame extends Frame{
4      private TextField textField;
5      private TextArea textArea;
6
7      public MainFrame(String strTitle){
8          textField = new TextField();
9          textArea = new TextArea();
10
11         this.add(textField,BorderLayout.NORTH);
12         this.add(textArea,BorderLayout.CENTER);
13     }
14 }
15
16 public class TextComponentExam{
17     public static void main(String[] args) {
18         MainFrame mainFrame = new MainFrame("MainFrame");
19
20         mainFrame.setBounds(100,100,300,300);
21         mainFrame.setVisible(true);
22     }
23 }
24
```

13.2.6 Checkbox

Checkbox는 on(true) 혹은 off(false) 중 하나의 상태를 가지는 컴퍼넌트이다. Checkbox를 클릭할 때마다 상태는 on에서 off로 혹은 off에서 on으로 변한다. 몇몇 Checkbox들은 CheckboxGroup에 의해 그룹화되어질 수 있는데 이러한 경우는 그룹들 중 하나가 on되면 다른 항목은 off가 된다. 보통 이러한 버튼을 라디오 버튼이라고 한다. 즉 자바에서 라디오 버튼을 만들려면 몇몇 Checkbox를 CheckboxGroup으로 묶어줘야 한다.

```java
CheckboxExam.java

1  import java.awt.*;
2
3  class MainFrame extends Frame{
4      private Checkbox redcheckBox;
5      private Checkbox bluecheckBox;
6      private Checkbox yellowcheckBox;
7
8      public MainFrame(String strTitle){
9          super(strTitle);
10         redcheckBox = new Checkbox("Red");
11         bluecheckBox = new Checkbox("Blue");
12         yellowcheckBox = new Checkbox("Yellow");
13
14         add(redcheckBox,BorderLayout.NORTH);
15         add(bluecheckBox,BorderLayout.CENTER);
16         add(yellowcheckBox,BorderLayout.SOUTH);
17     }
18 }
19
20 public class CheckboxExam{
21     public static void main(String[] args) {
22         MainFrame mainFrame = new MainFrame("MainFrame");
23
24         mainFrame.setBounds(100,100,300,200);
25         mainFrame.setVisible(true);
26     }
27 }
28
```

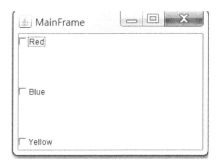

13.2.7 Choice

Choice 클래스는 풀다운 리스트에서 하나의 항목을 얻을 수 있게 해주는 컴퍼넌트이다. 그러므로 Choice 객체는 생성 후에 리스트 항목을 추가하는 작업이 필요하다. Choice 객체에 항목을 더하는 메소드는 add()다.

```java
import java.awt.*;

class MainFrame extends Frame{
    private Choice choiceMusician;

    public MainFrame(String strTitle){
        super(strTitle);

        choiceMusician = new Choice();
        choiceMusician.add("1. Dream Theater");
        choiceMusician.add("2. White Snake");
        choiceMusician.add("3. White Lion");
        choiceMusician.add("4. Europe");
        choiceMusician.add("5. Yngwie Malmsteen");
        add(choiceMusician,BorderLayout.NORTH);
        choiceMusician.select(1);
    }
}

public class ChoiceExam{
    public static void main(String[] args) {
        MainFrame mainFrame = new MainFrame("MainFrame");

        mainFrame.setBounds(100,100,300,300);
        mainFrame.setVisible(true);
    }
}
```

위의 예제는 Choice 객체를 생성하고 이 객체에 리스트 아이템을 구성한 후 이를 메인 프레임 윈도우에 붙이는 예제이다. select 메소드는 인덱스 위치의 항목을 선택하는 메소드이다. 여기서 리스트 아이템의 시작 인덱스는 배열처럼 0이다.

13.2.8 List

List는 수직으로 스크롤되는 문자열 항목들을 나열하는 컴퍼넌트이다. List도 생성 후에 항목을 추가하는 작업이 필요하다. List 객체에 항목을 더하는 메소드는 add()이다. 여기서도 아이템의 시작은 0이다.

```java
import java.awt.*;

class MainFrame extends Frame{
    private List listMusician;

    public MainFrame(String strTitle){
        super(strTitle);

        listMusician = new List();
        listMusician.add("1. Dream Theater");
        listMusician.add("2. White Snake");
        listMusician.add("3. White Lion");
        listMusician.add("4. Europe");
        listMusician.add("5. Yngwie Malmsteen");
        add(listMusician,BorderLayout.NORTH);
        listMusician.select(1);
    }
}

public class ListExam{
    public static void main(String[] args) {
        MainFrame mainFrame = new MainFrame("MainFrame");

        mainFrame.setBounds(100,100,300,300);
        mainFrame.setVisible(true);
    }
}
```

🌀 **13.3** 컨테이너 클래스와 배치관리자

java.awt.Component의 하위 클래스 중 컨테이너 클래스는 다른 컴퍼넌트를 포함할 수 있다. 즉 일반 컴퍼넌트는 독립적으로 화면상에 나타날 수 없고 반드시 컨테이너에 포함되어서 화면에 나타난다. 이렇게 컴퍼넌트를 컨테이너 컴퍼넌트에 포함시키는 것을 배치한다고 한다. 자바에서는 이러한 배치를 효율적으로 관리하기위해 배치관리자가 존재한다. 즉 우리는 컨테이너를 생성하고 이에 컴퍼넌트를 부칠 때 컨테이너의 배치관리자의 도움을 받아 컴퍼넌트를 배치한다.

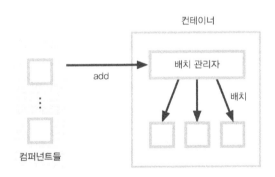

[그림 13.2] 배치 관리자의 역할

앞 절에서 잠시 살펴본 Frame과 Window는 컨테이너 클래스의 하위 클래스이다. 일단 Frame을 기준으로 해서 컨테이너와 컴퍼넌트 그리고 배치관리자의 관계를 알아보자. ButtonExam.java 예제에서 우리는 Button 컴퍼넌트를 생성하고 Frame 클래스의 add명령을 이용하여 이를 포함시켰다. 하지만 이때 프레임은 자신에게 등록된 배치 관리자의 도움을 받아서 컴퍼넌트를 프레임에 포함시킨다. Frame의 디폴트 배치관리자는 Border-Layout이다. Add 명령에서 두 번째 파라메터인 BorderLayout.NORTH에서 Border-Layout은 배치관리자 클래스명이다.

배치 관리자의 종류는 여러 가지가 있지만 여기서는 BorderLayout, FlowLayout, Grid-Layout, CardLayout을 알아보기로 하겠다.

13.3.1 BorderLayout

Frame의 기본 배치 관리자인 BorderLayout은 다음과 같이 다섯 개의 위치에 컴퍼넌트를 배치하도록 설계된 배치 관리자이다.

[그림 14.3] BorderLayout의 배치 위치

위의 그림에서 보듯이 컴퍼넌트는 North, West, South, East, Center 중 한곳에 하나의 컴퍼넌트를 배치할 수 있다. 이럴 경우 컴퍼넌트의 고유 크기는 무시되고 컨테이너의 크기에 맞게 컴퍼넌트의 크기가 조절되어 배치되고 컨테이너의 크기가 변경시에는 배치된 컴퍼넌트의 크기도 변경된다. 위치에 해당하는 값은 BorderLayout 클래스에 static final로 선언된 상수로 제공된다. BorderLayout.NORTH, BorderLayout.WEST, BorderLayout.SOUTH, BorderLayout.EAST, BorderLayout.CENTER가 위치 상수이다.

```
📄 BorderLayoutExam.java ⊠                                                    ⌐ ◻
  1  import java.awt.*;
  2
  3  public class BorderLayoutExam {
  4⁻     public static void main(String args[]){
  5             Frame frame = new Frame("BorderLayout");
  6
  7             // 해당 위치에 컴퍼넌트를 배치
  8             frame.add(new Button("동쪽"), BorderLayout.EAST);
  9             frame.add(new Button("서쪽"), BorderLayout.WEST);
 10             frame.add(new Button("남쪽"), BorderLayout.SOUTH);
 11             frame.add(new Button("북쪽"), BorderLayout.NORTH);
 12
 13         frame.add("Center", new Button("중앙"));
 14
 15             frame.setSize(300, 200);
 16             frame.setVisible(true);
 17     }
 18  }
 19
```

BorderLayout의 각 부분에 버튼 컴퍼넌트를 붙이는 예제이다. Frame의 기본 배치 관리자는 BorderLayout이다 그러므로 add 메소드는 BorderLayout의 배치 관리자의 도움을 받아서 버튼 컴퍼넌트를 배치한다. 이 메소드는 java.awt.Container에 있다. 위 프로그램의 결과는 다음과 같다.

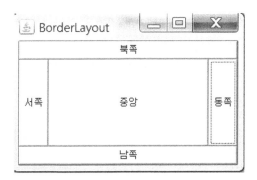

13.3.2 FlowLayout

FlowLayout은 컨테이너에 주어진 컴퍼넌트를 왼쪽에서 오른쪽으로, 위에서 아래로 순차적으로 배열하는 기능을 한다. 컴퍼넌트는 기본적으로 가운데를 중심으로 정렬된다.

다른 배치관리자의 경우 컨테이너의 크기가 바뀌면 컴퍼넌트의 기본 크기는 무시되고 그 컴퍼넌트가 포함된 컨테이너의 크기에 맞게 컴퍼넌트의 크기가 조절된다. 하지만 FlowLayout의 장점은 컴퍼넌트의 본래 크기를 유지한다는 점이다. 그러나 컨테이너의 크기

조절시 컴퍼넌트의 위치가 조절 될 수는 있다. 즉 한 줄에 다 포함이 되지 않으면 새로운 줄이 열려서 나머지가 배치된다.

```java
FlowLayoutExam.java ⊠
1 import java.awt.*;
3
4 public class FlowLayoutExam{
5     public static void main(String args[]){
6
7             Frame frame = new Frame("FlowLayoutExam");
8
9             frame.setLayout(new FlowLayout(FlowLayout.CENTER, 0, 5));
10        // 가운데 정렬, 가로 간격 0, 세로간격 5인 FlowLayout 객체로 매니저 설정
11
12            frame.add(new Button("Button1"));
13            frame.add(new Button("Button2"));
14            frame.add(new Button("Button3"));
15            frame.add(new Button("Button4"));
16            frame.add(new Button("Button5"));
17            frame.add(new Button("Button6"));
18
19            frame.setSize(200, 200);
20            frame.setVisible(true);
21    }
22 }
23
```

위의 예는 가운데를 우선으로 정렬하고 가로 간격은 0 세로 간격은 5인 FlowLayout 매니저로 설정하였다. 그런 후 컴퍼넌트를 붙였다. 컴퍼넌트는 한 줄로 배치된다. 만약 가로 줄의 공간이 부족할 때에는 여러 줄에 나뉘어져서 컴퍼넌트가 배치된다. 다음은 위이 프로그램의 수행 결과이다.

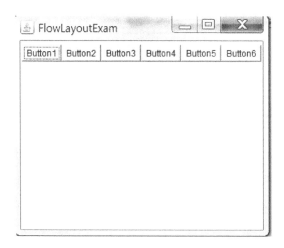

13.3.3 GridLayout

GridLayout은 행과 열로 구성된 셀에 컴퍼넌트를 배치하는 기능을 한다. 예를 들면, 행을 2, 열을 3으로 설정하였다면 6개의 가상 셀이 생긴다. 그리고 각각의 가상 셀에 컴퍼넌트를 배치할 수 있다.

GridLayout의 경우 컴퍼넌트의 크기와 상관없이, 셀 크기에 맞게 조정된다. 컨테이너의 크기가 바뀌면 셀의 크기가 재조정되고 이에 따라 컴퍼넌트의 크기도 재조정된다. 컴퍼넌트를 추가하면 좌측에서 우측으로 상단에서 하단의 순서로 컴퍼넌트가 추가된다.

```java
import java.awt.*;

public class GridLayoutExam {
    public static void main(String args[]){
        Frame frame = new Frame("GridLayout");

        frame.setLayout(new GridLayout(3, 4));

        for(int i=1; i<=8; i++){
            frame.add(new Button(String.valueOf(i)));
        }

        frame.setSize(300, 200);
        frame.setVisible(true);
    }
}
```

위의 예는 4행 3열의 GridLayout을 배치 관리자로 하는 프레임에 9개의 버튼 컴퍼넌트를 붙이는 예이다. 보통 열과 행의 개수에 맞게 컴퍼넌트를 배치하지만 열과 행의 개수가 맞지 않을 경우에는 열을 수를 우선으로 맞춘다. 위의 경우 4행 3의 GridLayout 배치관리자이지만 첨가되는 컴퍼넌트는 8개 뿐이다. 그러므로 3행 3열로 맞추어서 배치된다.

13.3.4 CardLayout

CardLayout은 여러 개의 카드를 포개어 놓은 듯이 컴퍼넌트를 겹쳐서 컨테이너에 배치한다. 그리고 한 번에 하나의 컴퍼넌트를 볼 수 있도록 동작한다. CardLayout은 보여질 컴퍼넌트를 선택하는 메서드를 가지고 있다.

[표 13.3] java.awt.CardLayout의 주요 메소드

java.awt.CardLayout의 주요 생성자와 주요 메소드	
CardLayout()	새로운 카드 레이아웃 매니저를 만든다.
void first(Container parent)	컨테이너의 가장 처음 컴퍼넌트로 이동한다.
void last(Container parent)	컨테이너의 가장 마지막 컴퍼넌트로 이동한다.
void next(Container parent)	다음 컴퍼넌트로 이동한다.
void previous(Container parent)	이전 컴퍼넌트로 이동한다.
void show(Container parent, String name)	name이름의 컴퍼넌트로 이동한다.

다음은 카드 레이아웃 매니저를 이용하는 예이다. 하지만 이 예제는 몇 가지 알아야할 사항이 먼저 나왔다. 카드 레이아웃 매니저의 효과를 나타내려다 보니 어쩔 수 없었다. 그러므로 다음에 나오는 Panel, 내부 클래스 그리고 이벤트 처리에 대한 내용을 살펴보고 다시 한번 살펴보기 바란다. 중요한 내용은 주석으로 처리를 하였다.

```java
CardLayoutExam.java

1  import java.awt.*;
3
4  class CardLayoutFrame extends Frame implements ActionListener{
5
6      CardLayout cardLayout;
7      Panel componentPanel;
8      Panel controlPanel;
9
10     Button button1;
11     TextArea textArea1;
12     Button button2;
13
14     Button firstButton;
15     Button previousButton;
16     Button nextButton;
17     Button lastButton;
18
```

```
19    public CardLayoutFrame(String title){
20
21        super(title);
22
23        cardLayout = new CardLayout();          // 카드 레이아웃 매니져 생성
24        componentPanel = new Panel();
25        componentPanel.setLayout(cardLayout);   // 카드 레이아웃 매니져를 등록
26
27        // 컴퍼넌트를 생성하고 이를 componentPanel에 등록
28        button1 = new Button("첫번째 컴퍼넌트");
29        componentPanel.add("1",button1);
30
31        textArea1 = new TextArea("두번째 컴퍼넌트");
32        componentPanel.add("2",textArea1);
33
34        button2 = new Button("세번째 컴퍼넌트");
35        componentPanel.add("3",button2);
36
37        this.add(componentPanel,BorderLayout.CENTER);
38
39        controlPanel = new Panel();
40
41        // 컨트롤을 위한 버튼을 생성하고,
42        // 이벤트 리스너를 붙인 후 controlPanel에 붙인다..
43        firstButton = new Button("First");
44        firstButton.addActionListener(this);
45        controlPanel.add(firstButton);
46
47        previousButton = new Button("Previous");
48        previousButton.addActionListener(this);
49        controlPanel.add(previousButton);
50
51        nextButton = new Button("Next");
52        nextButton.addActionListener(this);
53        controlPanel.add(nextButton);
54
55        lastButton = new Button("Last");
56        lastButton.addActionListener(this);
57        controlPanel.add(lastButton);
58
59        this.add(controlPanel,BorderLayout.SOUTH);
60        this.setBounds(100,100,300,400);
61        this.setVisible(true);
62    }
```

```
64          // controlPanel에 붙은 버튼에 이벤트가 발생시 처리해주는 이벤트 핸들러
65     public void actionPerformed(ActionEvent e){
66         Button btn = (Button)e.getSource();
67
68         if(btn == firstButton){
69             cardLayout.first(componentPanel);
70         }else if(btn == previousButton){
71         cardLayout.previous(componentPanel);
72         }else if(btn == nextButton){
73         cardLayout.next(componentPanel);
74         }else if(btn == lastButton){
75         cardLayout.last(componentPanel);
76         }else {
77         System.out.println("Error !");
78         }
79     }
80 }
81
82 public class CardLayoutExam{
83     public static void main(String[] args){
84         CardLayoutFrame cardLayoutFrame =
85             new CardLayoutFrame("CardLayout Exam");
86     }
87 }
```

13.3.5 배치관리자를 사용하지 않는 경우

이제까지는 콘테이너에 컴퍼넌트를 배치할 때 배치관리자의 도움을 받아서 배치하는 것을 배웠다. 하지만 콘테이너에서 배치관리자를 제거할 수 있는데 이렇게 되면 컴퍼넌트의 배치 위치를 프로그래머가 지정을 해주어야한다.

```java
NoLayoutManagerExam.java 

import java.awt.*;

public class NoLayoutManagerExam {
    public static void main(String args[]){

        Frame frame = new Frame("No Layout Manager");
        Button button1 = new Button("Button 1");
        Button button2 = new Button("Button 2");

        frame.setLayout(null);   // 레이아웃 메니저를 null로 설정한다.

        button1.setLocation(10,20);
        button1.setSize(200,30);
        frame.add(button1);

        button2.setLocation(30,60);
        button2.setSize(200,30);
        frame.add(button2);
        frame.setSize(300, 200);

        frame.setVisible(true);
    }
}
```

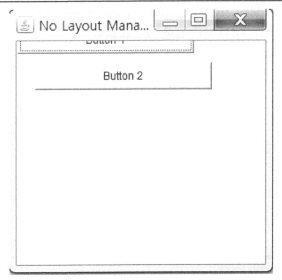

위의 경우를 보면 배치관리자를 사용하지 않은 경우 프로그래머가 원하는 위치에 컴퍼넌 트를 마음대로 둘 수 있어 편리하게 보인다. 하지만 이것은 문제성을 내포하고 있다. 자바로 작성되고 컴파일된 코드는 자바 가상머신이 설치된 곳이면 어디든지 작동한다. 하지만 위의 코드가 윈도우 운영체제에서 작동할 때와 리눅스에서 혹은 매킨토시에서 작동할 때 모두 위 치 값의 단위가 다르다. 그러므로 위와 같은 동일한 모양으로 보일 것이라고 예측하기는 어 렵다. 그리고 둘째, 위의 프로그램에서 최대화 버튼을 눌러 보아라. 화면은 커지겠지만 컴퍼 넌트의 위치와 사이즈는 그대로이다. 즉 화면의 사이즈 변화에 따라 컴퍼넌트의 위치와 사이 즈 조정을 프로그래머가 책임을 져야한다.

13.3.6 다양한 레이아웃 매니저 사용하기

이제 까지 여러 가지 형태의 레이아웃 매니저를 배웠다. 물론 이외에도 레이아웃 매니저는 많이 있다. 그리고 그들의 사용법은 다른 레이아웃 매니저와 거의 비슷하다. 하지만 이들만 을 가지고 화면을 구성하려 하면 아마도 아주 답답함을 느낄 것이다. BorderLayout 같은 경우 컴퍼넌트를 붙일 수 있는 영역이 정해져 있고 GridLayout의 경우도 격자형의 영역이 정해져 있어서 컴퍼넌트를 배치하는데 용이치 않다. 다른 배치 관리자 또한 규격화 되어있는 듯한 불편함이 있다. 하지만 이러한 점을 해결할 수 있는 컴퍼넌트가 있다. 컨테이너 중에 아직 다루지 않은 것이 있는데 이는 Panel이다. Panel은 컴퍼넌트를 담을 수 있는 투명한 판이라고 생각하면 된다. 즉 Panel은 컨테이너이다. 그러므로 Panel 또한 기본 배치 관리자 를 가지는데 FlowLayout을 기본 배치 관리자로 가진다(물론 이러한 배치 관리자를 교체할 수 있다). 그런데 중요한 점은 Panel 또한 컴퍼넌트라는 점이다. 즉 Panel을 컨테이너에 담 을 수 있다. 이로 인하여 다양한 화면 구성이 가능해진다.

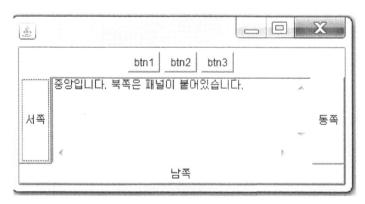

Panel을 사용한 프레임

위와 같은 프래임을 생성하려면 어떤 배치 관리자를 써야할까? 우리가 배운 배치 관리자
만으로는 위의 경우를 표현해낼 수 없다. 이를 해결하려면 Panel을 사용하여야한다. 위의 경
우 전체적인 틀은 BorderLayout을 닮았으나 South쪽은 FlowLayout을 닮았다. 즉 위의 경
우는 panel을 생성하여서 버튼을 3개 붙인 후(panel은 기본 배치 관리자가 FlowLayout이
다) 이 panel을 다시 Frame의 South쪽에 붙이면 된다(Frame은 기본 배치 관리자가
BorderLayout이고 Panel은 컴퍼넌트이므로 이를 붙일 수 있다).

아래는 이에 대한 소스이다.

```java
🗾 PanelExam.java ⊠
 1  import java.awt.*;
 2
 3  class PanelMainFrame extends Frame{
 4      Panel panel = null;
 5
 6      public PanelMainFrame(){
 7          add(new Button("서쪽"), BorderLayout.WEST);
 8              add(new Button("남쪽"), BorderLayout.SOUTH);
 9              add(new Button("동쪽"), BorderLayout.EAST);
10
11              add(new TextArea("중앙입니다. 북쪽은 패널이 붙어있습니다."),
12              BorderLayout.CENTER);
13
14          panel = new Panel();
15              panel.add(new Button("btn1"));
16          panel.add(new Button("btn2"));
17          panel.add(new Button("btn3"));
18
19          add(panel,BorderLayout.NORTH);
20          setSize(400, 200);
21              setVisible(true);
22      }
23  }
24
25  public class PanelExam{
26      public static void main(String[] args){
27        PanelMainFrame panelFrame = new PanelMainFrame();
28      }
29  }
```

🍃 13.4 ▶ 이벤트 소스, 이벤트 객체 그리고 이벤트 핸들러

AWT 컴퍼넌트의 생성과 기본 메소드에 대하여 알아보았다. 하지만 이렇게 화면에 GUI
컴퍼넌트를 생성만 하였다고 프로그램이 되는 것은 아니다. 앞의 예에서 Button-

Exam.java는 단지 버튼을 생성할 뿐이다. 버튼을 눌러도 프로그램은 반응하지 않는다. 버튼이 눌려질 때 행해야 할 행위를 작성하지 않았기 때문이다. GUI 컴퍼넌트에 액션이 취해졌을 때 반응하는 행위를 작성하는 것을 알아보도록 하겠다.

대부분의 윈도우 프로그램은 사용자의 명령어를 기다리고 있다가, 사용자의 액션에 반응해서 작동하게 된다. 이때 사용자의 액션은 키보드 입력, 마우스 버튼 클릭, 더블클릭, 마우스 이동 등이 될 수 있다. 이러한 액션은 GUI 컴퍼넌트를 대상으로 발생하는데 이러한 액션을 이벤트라한다. 이렇게 사용자 액션에 대해 응답하는 형태로 작동하도록 프로그래밍하는 것을 이벤트-드리븐(event-driven) 프로그래밍이라고 한다. 윈도우 환경에서는 대부분의 응용프로그램이 이벤트-드리븐 프로그래밍 방식으로 작성된다.

이제 간단한 예를 들어서 설명하도록 하겠다. 아래와 같은 화면이 있다고 할 때 사용자가 Hello Button을 눌렀을 경우 어떠한 일이 발생하는 지를 알아보자.

13.4.1 ActionListener

사용자가 Hello 버튼을 누르면 운영체제가 이 사실을 제일 먼저 감지한다. 그런 후 이 사실을 JVM(Java Virtual Machine)에 통보를 하면 JVM은 버튼이 눌려진 이벤트에 대해 이벤트 객체를 생성한다. 이렇게 이벤트의 발생을 유도하는 컴퍼넌트를 이벤트 소스라고 한다. 발생한 이벤트는 객체화 되는데, 이벤트 객체에는 이벤트에 대한 각종 정보를 내포하고 있다. 그런 후 이 이벤트 객체를 이벤트를 발생시킨 이벤트 소스에 전송을 한다. 여기까지는 운영체제와 JVM이 알아서 해준다. 이벤트 소스에는 발생된 이벤트를 처리할 수 있는 객체가 있어야 하는데 이를 이벤트 핸들러라 한다. 프로그래머가 해야 할 일은 이벤트 핸들러 객체를 만든 다음 이를 해당 이벤트 소스에 등록하는 것이다. 물론 이벤트 소스에는 자신이 발생하는 이벤트를 처리하는 이벤트 핸들러를 등록할 수 있는 메소드가 있다.

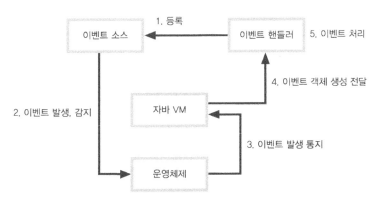

[그림 13.4] AWT 프로그래밍에서 이벤트 처리 절차

자 이제 이 과정을 프로그램 해보자. 버튼 객체가 눌러졌을 때 발생하는 이벤트는 Action-Event이고 이를 처리하는 이벤트 핸들러가 ActionListener이다.

```java
HelloEventExam.java ⊠
 1+ import java.awt.*;
 3
 4 class HelloEventFrame extends Frame{
 5     private TextArea textArea;
 6     private Button helloButton;
 7
 8     // 이벤트 리스너 정의
 9-        class ButtonEventListener implements ActionListener{
10         // 이벤트 리스너에서 처리해야할 행위 작성
11-        public void actionPerformed(ActionEvent ev){
```

```
12              textArea.append("Hello World\n");
13          }
14        }
15
16     public HelloEventFrame(String strTitle){
17
18          super(strTitle);
19        textArea = new TextArea();
20        helloButton = new Button("Hello Button");
21        // 이벤트 리스너 객체 생성
22        ButtonEventListener buttonEventListener = new ButtonEventListener();
23        // 이벤트 리스너 등록
24        helloButton.addActionListener(buttonEventListener);
25
26        this.add(textArea,BorderLayout.CENTER);
27        this.add(helloButton,BorderLayout.SOUTH);
28
29        this.pack();
30        this.setBounds(100,100,300,400);
31        this.setVisible(true);
32      }
33 }
34
35 public class HelloEventExam{
36     public static void main(String[] args){
37       HelloEventFrame helloEventFrame =
38         new HelloEventFrame("Hello Event Frame");
39     }
40 }
41
```

위의 프로그램은 버튼이 눌려지면 TextArea 창에 "Hello World"라는 문자열이 출력되는 예제이다. 우선 AWT 프로그램에서 이벤트 처리를 위해서는 java.awt.event 패키지의 import가 필요하다. 이 패키지 내에 이벤트 처리에 필요한 인터페이스와 클래스가 들어있다.

위의 프로그램에서는 "Hello World" 버튼이 이벤트 소스이다. 버튼에서 발생하는 이벤트를 처리하기 위해 ActionListener 인터페이스를 구현한 이벤트 리스너 클래스를 정의하고, 이의 객체를 생성하여 버튼에 등록하였다. 이제 이를 구동하여 보자 다음과 같은 결과를 얻을 수 있을 것이다.

중첩 클래스의 가장 큰 특징은 자신을 포함한 클래스의 멤버들에 접근이 자유스럽다는 것이다. 해당 멤버가 private 지정자를 가지고 있다고 할지라도 접근이 가능하다. 따라서 이벤트를 처리하는 클래스인 이벤트 리스너를 중첩 클래스로 구현하였다ButtonEventListener는 중첩 클래스 중에서도 멤버 클래스에 속한다. 왜냐하면 이벤트 리스너는 자신을 포함하는 클래스의 멤버를 빈번하게 접근할 필요가 있기 때문이다. 위의 프로그램에서는 이벤트 리스너인 ButtonEventListener를 중첩 클래스 중에서도 멤버 클래스로 정의하였다. 그리고 ButtonEventListener에서 HelloEventFrame 클래스의 textArea 멤버 변수를 자유롭게 이용하고 있다는 점을 주의 하라. 자바에서 중첩 클래스가 가장 빈번하게 유용하게 사용되는 경우이다. 만약 이를 중첩 클래스를 이용하여 처리하지 않는다면 자바의 이벤트 처리는 아주 복잡해졌을 것이다.

13.4.2 WindowListener와 WindowAdapter

위의 프로그램에서 최대, 최소화 버튼은 작동을 하지만 닫기 버튼은 제대로 작동을 하지 않는다. 이는 닫기 버튼이 눌러졌을 때 윈도우 이벤트가 발생하는데 이에 대한 이벤트를 처리해 주지 않았기 때문이다. 즉 윈도우 이벤트에 대해 윈도우 이벤트 리스너가 필요한 것이다.

```java
HelloEventExam1.java ⊠
 1+import java.awt.*;
 3
 4 class HelloEventFrame extends Frame{
 5     private TextArea textArea;
 6     private Button helloButton;
 7
 8     class HelloButtonListener implements ActionListener{
 9         public void actionPerformed(ActionEvent ev){
10             textArea.append("Hello World\n");
11         }
12     }
13
14     // 윈도우의 이벤트에대한 리스너 정의
15     class WindowEventListener implements WindowListener{
16         public void windowClosing(WindowEvent ev){
17             System.out.println("안녕 ~, 바이 바이");
18             System.exit(0);
19         }
20
21         public void windowActivated(WindowEvent ev){}
22         public void windowClosed(WindowEvent ev){}
23         public void windowDeactivated(WindowEvent ev){}
24         public void windowDeiconified(WindowEvent ev){}
25         public void windowIconified(WindowEvent ev){}
26         public void windowOpened(WindowEvent ev){}
27     }
28
29     public HelloEventFrame(String strTitle){
30         super(strTitle);
31             WindowEventListener windowEventListener = new WindowEventListener();
32         this.addWindowListener(windowEventListener);
33         textArea = new TextArea();
34         helloButton = new Button("Hello Button");
35         HelloButtonListener helloButtonListener = new HelloButtonListener();
36         helloButton.addActionListener(helloButtonListener);
37
38             this.add(textArea,BorderLayout.CENTER);
39             this.add(helloButton,BorderLayout.SOUTH);
40
41         this.pack();
42         this.setBounds(100,100,300,400);
43             this.setVisible(true);
44     }
45 }
46
47 public class HelloEventExam1{
48     public static void main(String[] args){
49         HelloEventFrame helloEventFrame =
50             new HelloEventFrame("Hello Event Exam");
51     }
52 }
53
```

윈도우의 이벤트를 처리하는 윈도우 리스너는 7개의 추상 메소드를 가진 인터페이스이다.
윈도우 리스너를 생성하기 위해서는 위와 같이 이 7개의 메소드를 다 생성 해주어야 한다.

이것은 때때로 귀찮은 일일 수 있다. 예를 들면, 윈도우가 닫히는 작업에만 관심이 있다고 해보자. 그렇다고 할지라도 우리는 윈도우 리스너의 나머지 메소드들을 다 구현해야 한다. 이러한 경우는 윈도우 어댑터 클래스를 쓰면 이러한 문제를 간단히 해결할 수 있다. 윈도우 어댑터 클래스는 메소드들의 구현이 다 되어있다. 우리는 관심이 있는 메소드만을 오버 라이딩하기만 하면 된다.

```java
HelloEventExam2.java ⌧
1 import java.awt.*;

4 class HelloEventFrame extends Frame{
5     private TextArea textArea;
6     private Button helloButton;
7
8     class HelloButtonListener implements ActionListener{
9         public void actionPerformed(ActionEvent ev){
10                textArea.append("Hello World\n");
11        }
12    }
13
14    // 윈도우 어댑터를 이용한 이벤트 처리기 구현
15    class WindowHandler extends WindowAdapter{
16        public void windowClosing(WindowEvent ev){
17                System.out.println("안녕 ~, 바이 바이");
18                System.exit(0);
19        }
20    }
21
22    public HelloEventFrame(String strTitle){
23        super(strTitle);
24
25        WindowHandler windowHandler = new WindowHandler();
26        this.addWindowListener(windowHandler);
27
28        textArea = new TextArea();
29
30        helloButton = new Button("Hello Button");
31        HelloButtonListener helloButtonListener = new HelloButtonListener();
32        helloButton.addActionListener(helloButtonListener);
33
34        this.add(textArea,BorderLayout.CENTER);
35        this.add(helloButton,BorderLayout.SOUTH);
36
37        this.pack();
38        this.setBounds(100,100,300,400);
39        this.setVisible(true);
40    }
41 }
```

```
43  public class HelloEventExam2{
44      public static void main(String[] args){
45        HelloEventFrame helloEventFrame =
46          new HelloEventFrame("Hello Event Exam");
47      }
48  }
49
50
```

위의 예제는 윈도우 어댑터를 이용하여 윈도우 이벤트를 처리하는 예를 보여주고 있다. 어댑터를 이용하면 필요한 메소드만 구현하면 되므로 편리하다. 그러면 이벤트 리스너와 어댑터의 차이점은 무엇인가? 이벤트 리스너는 인터페이스이고 어댑터는 클래스라는 점이다. 즉 다중의 상속이 필요한 경우에는 이벤트 리스너를 이용하여야만 하고 그렇지 않은 경우에는 어댑터를 이용해도 된다.

13.4.3 이벤트와 이벤트 처리 핸들러

이벤트 처리 프로그램을 작성하는 절차는 다음과 같다.

우선 처리해야하는 이벤트를 발생하는 이벤트 소스를 먼저 선정한다. 그런 후 해당 이벤트 소스가 발생하는 이벤트를 처리할 수 있는 이벤트 리스너 인터페이스를 구현하거나 혹은 어댑터를 상속하여 이벤트 처리 객체를 만든다. 이 객체를 이벤트 발생 소스에 등록을 시켜주기만 하면 된다. 이제 이벤트 소스와 해당 이벤트 소스에서 발생시키는 이벤트의 종류 그리고 이러한 이벤트를 처리할 수 있는 이벤트 리스너와 어댑터에 대해서 알아보자. 표로 정리를 해두었다.

[표 13.4] 이벤트와 해당 이벤트를 발생 가능한 이벤트 소스

이벤트	발생 가능한 이벤트 소스
ActionEvent	Button, List, TextField, MenuItem
ItemEvent	List, Choice, Checkbox, CheckboxMenuItem
MouseEvent	모든 AWT Component

[표 13.5] 이벤트와 해당 이벤트를 발생 가능한 이벤트 소스 (계속)

이벤트	발생 가능한 이벤트 소스
KeyEvent	모든 AWT Component
FocusEvent	모든 AWT Component
AdjustmentEvent	Scrollbar
ComponentEvent	모든 AWT Component
WindowEvent	Window, Frame, Dialog
ContainerEvent	Container, Window, Panel
TextEvent	TextArea, TextField

[13.6] 이벤트와 이벤트의 발생 경우

이벤트	발생 경우
ActionEvent	컴퍼넌트가 활성화될때 발생
ItemEvent	List, Choice 처럼 선택 항목이 존재하는 컴퍼넌트에서 선택 항목이 선택시 발생
MouseEvent	마우스의 움직임에 의해서 발생
KeyEvent	키보드 입력시에 발생
FocusEvent	컴퍼넌트에 포커스가 들어왔을 때 발생
AdjustmentEvent	Scrollbar 같이 조정이 가능한 컴퍼넌트에서 조정이 일어날 경우에 발생
ComponentEvent	컴퍼넌트가 움직이거나 크기가 조정될 때 발생
WindowEvent	Window가 활성화 또는 닫힐 때 발생
ContainerEvent	컨테이너에 컴퍼넌트가 추가/ 삭제되는 경우에 발생
TextEvent	텍스트 컴퍼넌트의 내용이 변할 때 발생

[표 13.7] 이벤트처리에 필요한 리스너 혹은 어댑터 그리고 구현해야하는 메소드

리스너 인터페이스나 어댑터	구현해야하는 메소드
ActionListener	actionPerformed
ItemListener	itemStateChanged
MouseListener MouseAdapter	mouseClicked, mousePressed, mouseReleased mouseEntered, mouseExited
KeyListener KeyAdapter	keyTyped, keyPressed, keyReleased
FocusListener	focusGained, focusLost
AdjustmentListener	adjustmentValueChanged
ComponentListener ComponentAdapter	componentResized, componentMoved, componentShown, componentHidden
WindowListener WindowAdapter	windowOpened, windowClosing, windowClosed, windowIconified, windowDeiconified, windowActivated, windowDeactivated
ContainerListener ContainerAdapter	componentAdded, componentRemoved
TextListener	textValueChanged

위의 표를 보면 규칙성을 발견할 수 있을 것이다. 이벤트의 이름은 xxx-Event 이고 이에 대한 리스너 인터페이스나 어댑터는 xxx-Listener 혹은 xxx-Adapter이라는 점이다. 그러므로 이벤트 소스를 알면 이에서 발생되는 이벤트 중 처리를 원하는 이벤트를 선택할 수 있고 해당 이벤트를 처리하는 리스너나 어댑터 또한 선택이 가능하다는 점이다. 다음은 이벤트를 처리하는 예를 몇 개 들었다.

13.4.4 ItemEvent

우선 ItemEvent에 대하여 알아보자. ItemEvent는 List나 Choice 객체에 속한 아이템이 선택되거나 또는 선택이 해제될 때 발생하는 이벤트이다. 다음은 앞에서 예를 들었던 ListExam. java에 ItemEvent를 첨가시킨 예이다. ItemEvent를 처리하기 위해서는 ItemListener 인터페이스를 구현 상속받아서 itemStateChanged 메소드를 구현하여야 한다.

```
ListExam1.java ⊠
  1+ import java.awt.*;
  3
  4  class MainFrame extends Frame implements ItemListener{
  5      private List listMusician;
  6      private TextField listData;
  7
  8-     public MainFrame(String strTitle){
  9        super(strTitle);
 10
 11        listData = new TextField(20);
 12        add(listData,BorderLayout.NORTH);
 13
 14        listMusician = new List();
 15        listMusician.add("1. Dream Theater");
 16        listMusician.add("2. White Snake");
 17        listMusician.add("3. White Lion");
 18        listMusician.add("4. Europe");
 19        listMusician.add("5. Yngwie Malmsteen");
 20
 21        listMusician.addItemListener(this);
 22        add(listMusician,BorderLayout.CENTER);
 23
 24        listMusician.select(1);
 25      }
 26
 27-    public void itemStateChanged(ItemEvent e){
 28        String item = null;
 29
 30        item = listMusician.getSelectedItem();
 31        listData.setText(item);
 32      }
 33  }
 34
 35  public class ListExam1{
 36-     public static void main(String[] args) {
 37        MainFrame mainFrame = new MainFrame("MainFrame");
 38
 39        mainFrame.setBounds(100,100,300,300);
 40        mainFrame.setVisible(true);
 41      }
 42  }
 43
```

13.4.5 MouseListener와 MouseAdapter

MouseEvent를 처리하기 위해서는 MouseListener 인터페이스를 구현 상속받아서 메소드들을 구현하든지 혹은 MouseAdapter 클래스를 상속받아서 처리하고자 하는 메소드를 오버라이딩시키면 된다. 마우스 이벤트 처리는 MouseAdapter 클래스를 이용해 보도록 하겠다.

```java
import java.awt.*;

class MouseEventChecker extends Frame{
    private TextField textField = null;

    public MouseEventChecker(){
        MouseEventHandler mouseEventHandler = new MouseEventHandler();
        addMouseListener(mouseEventHandler);
        textField = new TextField(20);
        add(textField,BorderLayout.NORTH);
    }

    class MouseEventHandler extends MouseAdapter{
        public void mousePressed(MouseEvent e){
            String message = null;

            message = "마우스가 X : " + e.getX() + " Y : " + e.getY();
            message = message + "에서 눌리었습니다.";
            textField.setText(message);
        }

        public void mouseEntered(MouseEvent e){
            textField.setText("마우스가 프레임 안으로 들어왔습니다.");
        }

        public void mouseExited(MouseEvent e){
            textField.setText("마우스가 프레임 밖으로 나갔습니다.");
        }

        public void mouseReleased(MouseEvent e){
            textField.setText("마우스가 릴리즈 되었습니다.");
        }
    }
}

public class MouseEventExam{
    public static void main(String[] args){

        MouseEventChecker mouseEventChecker = new MouseEventChecker();
        mouseEventChecker.setBounds(100,100,300,300);
        mouseEventChecker.setVisible(true);
    }
}
```

13.5 메뉴와 메뉴의 이벤트 처리

메뉴는 응용 프로그램의 위쪽에 위치하여 해당 프로그램의 각종 기능들을 사용자가 선택 사용할 수 있게 해주는 메인 메뉴와 특정 컨트롤 위에서 마우스의 오른쪽 버튼을 클릭했을 때 열리는 팝업 메뉴로 분류할 수 있다.

13.5.1 메인 메뉴 생성

메인 메뉴와 관련된 구성요소는 메뉴바, 메뉴, 메뉴 아이템이 있다. 자바에서 이들을 관리하는 클래스는 java.awt.MenuBar, java.awt.Menu, java.awt.MenuItem이다. 이들에 대한 그림과 클래스에 대한 설명은 아래와 같다.

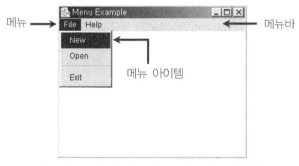

[그림 13.5] 메뉴바, 메뉴 그리고 메뉴 아이템

[표 13.8] java.awt.MenuBar의 주요 생성자와 메소드

java.awt.MenuBar의 주요 생성자	
public MenuBar()	메뉴바를 생성한다.

java.awt.MenuBar의 주요 메소드	
Memu add(Menu m)	특정 메뉴를 메뉴바에 부착한다.
Men getMenu(int i)	지정한 메뉴를 구한다.
void remove(int index)	지정한 메뉴바에서 특정 인덱스에 위치하는 메뉴를 제거한다.

[표 13.9] java.awt.Menu의 주요 생성자와 메소드

java.awt.Menu의 주요 생성자	
public Menu() public Menu(String label)	빈 레이블의 메뉴를 생성한다, 지정한 레이블의 메뉴를 생성한다.

java.awt.Menu의 주요 메소드	
Memultem add (Menultem mi)	특정 메뉴 아이템을 메뉴에 부착한다.
void addSeparator()	메뉴에 분리 라인을 첨가한다.
Menltem getltem(int index)	메뉴에서 특정 인텍스에 위치하는 메뉴 아이템을 구한다.
void remove(int index)	메뉴에서 특정 인덱스에 위치하는 메뉴 아이템을 제거한다.

[표 13.10] java.awt.Menultem의 주요 생성자와 메소드

java.awt.Menultem의 주요 생성자	
public Menultem() public Menultem (String label)	빈 레이블로 설정된 메뉴 아이템을 생성. 특정 레이블로 설정된 메뉴 아이템 생성

java.awt.Menultem의 주요 메소드	
void addActionListener (ActionListener l)	ActionEvent를 받을 수 있는 특정 ActionListener를 설정한다.
String getLabel()	메뉴 아이템에 대한 레이블을 구한다.
void setLabel(String label)	메뉴 아이템을 특정 레이블로 설정한다.

위의 클래스를 이용하여 메뉴를 만드는 것은 아래의 절차를 따르면 된다.

① 메뉴를 올릴 메뉴바 객체를 생성한다.
② 메뉴바에 포함될 메뉴 객체를 만든다
③ 메뉴에 메뉴 아이템을 만들어 붙인다.
④ 메뉴를 메뉴바에 붙인다.
⑤ 메인 프레임에 메뉴바를 붙인다.

다음은 메뉴를 생성하는 예이다.

```java
import java.awt.*;

class MenuFrame extends Frame {
    private MenuBar menuBar = null;
    private Menu menu = null;
    private MenuItem menuItem = null;

    public MenuFrame(String title){
      super(title);
      menuBar = new MenuBar();        // 메뉴바를 생성

      menu = new Menu("File");        // "File" 레이블의 메뉴를 생성
      menuItem = new MenuItem("New"); // "New" 레이블의 메뉴 아이템을 생성
      menu.add(menuItem);             // 메뉴에 메뉴 아이템을 추가한다.

      menuItem = new MenuItem("Open");
      menu.add(menuItem);

      menu.addSeparator();            // 구분선을 첨가한다.

      menuItem = new MenuItem("Exit");
      menu.add(menuItem);

      menuBar.add(menu);

          menu = new Menu("Help");
          menuItem = new MenuItem("About");
      menu.add(menuItem);

      menuItem = new MenuItem("Help");
      menu.add(menuItem);

      menuBar.add(menu);
      setMenuBar(menuBar);            // 메뉴바를 메인 프레임에 설정한다.
      setBounds(100,100,300,200);
      setVisible(true);
    }
}

public class MenuExam{
    public static void main(String[] args){
        MenuFrame menuFrame = new MenuFrame("Menu Example");
    }
}
```

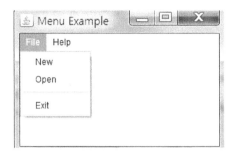

메뉴 바는 메뉴 항목들을 포함한다. 위의 프로그램에서 메뉴 항목들은 "File", "Help"이다. 메뉴 항목은 메뉴 아이템들을 가지는데 "File" 메뉴는 "New", "Open", "Exit"를 가지고 "Help" 메뉴는 "About"과 "Help"를 가진다. 위의 프로그램을 수행하여 보면 메뉴 아이템이 선택 되어도 어떠한 반응이 없다. 이것은 메뉴 아이템이 선택될 때 발생하는 이벤트를 처리해주는 이벤트 핸들러가 없기 때문이다. 다음 절에서는 메뉴에서의 이벤트 처리에 대하여 알아보도록 하겠다.

13.5.2 메뉴의 이벤트 처리

메뉴 아이템이 선택될 때 ActionEvent가 발생한다. 그러므로 이에 대해 작동할 내용을 actionPerfomed() 메서드에 기술한 ActionListener 객체를 생성하고 이를 해당 메뉴 아이템에 붙여주면 된다. 이는 버튼에서의 이벤트 처리와 동일하다.

```java
☐ MenuExam1.java ☒
 1 import java.awt.*;
 3
 4 class MenuFrame extends Frame implements ActionListener,WindowListener{
 5     private MenuBar menuBar = null;
 6     private Menu menu = null;
 7     private MenuItem menuItem = null;
 8
 9     // 메뉴 아이템이 선택될때 발생하는 ActionEvent 객체를 처리
10     public void actionPerformed(ActionEvent e){
11         String strLabel = null;
12         MenuItem menuItem = (MenuItem)e.getSource();
13         strLabel = menuItem.getLabel();
14
15         if(strLabel.equals("Exit")){
16             System.out.println("안녕 ~, 바이 바이");
17                 System.exit(0);
18         }else{
19                 strLabel = strLabel + " 메뉴 아이템이 눌리었습니다.";
20                 System.out.println(strLabel);
21         }
22     }
23
```

```
🗋 MenuExam1.java ⅔
24      public MenuFrame(String title){
25        super(title);
26        menuBar = new MenuBar();
27
28        menu = new Menu("File");
29        menuItem = new MenuItem("New");
30        menuItem.addActionListener(this);
31        menu.add(menuItem);
32
33        menuItem = new MenuItem("Open");
34        menuItem.addActionListener(this);
35        menu.add(menuItem);
36
37        menu.addSeparator();
38
39        menuItem = new MenuItem("Exit");
40        menuItem.addActionListener(this);
41        menu.add(menuItem);
42
43        menuBar.add(menu);
44
45            menu = new Menu("Help");
46            menuItem = new MenuItem("About");
47        menuItem.addActionListener(this);
48        menu.add(menuItem);
49
50        menuItem = new MenuItem("Help");
51        menuItem.addActionListener(this);
52        menu.add(menuItem);
53
54        menuBar.add(menu);
55        setMenuBar(menuBar);
56        addWindowListener(this);
57        setBounds(100,100,300,200);
58        setVisible(true);
59      }
60
61      public void windowClosing(WindowEvent ev){
62        System.out.println("안녕 ~, 바이 바이");
63        System.exit(0);
64      }
65
66      public void windowActivated(WindowEvent ev){}
67      public void windowClosed(WindowEvent ev){}
68      public void windowDeactivated(WindowEvent ev){}
69      public void windowDeiconified(WindowEvent ev){}
70      public void windowIconified(WindowEvent ev){}
71      public void windowOpened(WindowEvent ev){}
72 }
73
74 public class MenuExam1{
75      public static void main(String[] args){
76        MenuFrame menuFrame = new MenuFrame("Menu Example");
77      }
78 }
79
```

13.5.3 팝업 메뉴

팝업 메뉴는 사용자가 오른쪽 마우스 버튼을 눌렀을 때 나타나는 메뉴이다. 팝업 메뉴에서는 메뉴를 메뉴바에 붙이는 것이 아니라 컨트롤에 붙인다는 점이 다르다. 즉 팝업 메뉴는 컨트롤의 소유이므로 사용자가 어느 컴퍼넌트에서 오른쪽 마우스 버튼을 눌렀는가에 따라 나타나는 메뉴가 다르다. 다음은 팝업 메뉴를 구축하는 java.awt.PopupMenu 클래스의 주요 생성자와 주요 메소드를 나타낸 것이다.

[표 13.11] java.awt.MenuBar의 주요 생성자와 메소드

java.awt.PopupMenu의 주요 생성자	
public PopupMenu() public PopupMenu(String label)	빈 이름으로 설정된 팝업 메뉴를 생성. 특정 레이블로 설정된 팝업 메뉴를 생성

java.awt.PopupMenu의 주요 메소드	
void show(Component origin, int x, int y)	컴퍼넌트로부터 상대적인 위치로 x, y 위치에 팝업 메뉴를 띄운다.

팝업 메뉴에 메뉴 아이템을 설정하는 것은 메인 메뉴에서 메뉴 아이템을 설정하는 것과 동일하다. 팝업 메뉴에서 메뉴 아이템을 선택하면 ActionEvent가 발생한다. 그러므로 이에 대해 작동할 내용을 actionPerfomed() 메서드에 기술한 ActionListener 객체를 생성하고 이를 해당 메뉴 아이템에 붙여주면 된다. 이는 버튼에서의 이벤트 처리와 동일하다.

```
PopupMenuExam.java ⅹ
 1+ import java.awt.*;
 3
 4  class MainFrame extends Frame implements MouseListener, ActionListener{
 5      private PopupMenu popupMenu = null;
 6      private MenuItem menuItem = null;
 7
 8          // 메뉴 아이템이 선택될 때 발생하는 ActionEvent 객체를 처리
 9      public void actionPerformed(ActionEvent e){
10          String strLabel = null;
11          MenuItem menuItem = (MenuItem)e.getSource();
12          strLabel = menuItem.getLabel();
13
14          if(strLabel.equals("Exit")){
15              System.out.println("안녕 ~, 바이 바이");
16                  System.exit(0);
17          }else{
18                  strLabel = strLabel + "가 눌리었습니다.";
19                  System.out.println(strLabel);
20          }
21      }
22
23      public MainFrame(String title){
24        super(title);
25
26        popupMenu = new PopupMenu();       // 팝업 메뉴 생성
27        menuItem = new MenuItem("New");  // "New" 메뉴 아이템을 생성
28        menuItem.addActionListener(this);   // 메뉴 아이템에 이벤트 핸들러 추가
29        popupMenu.add(menuItem);          // 팝업 메뉴에 메뉴 아이템 추가
30
31        menuItem = new MenuItem("Open");
32        menuItem.addActionListener(this);
33        popupMenu.add(menuItem);
34
35        popupMenu.addSeparator();
36        menuItem = new MenuItem("Exit");
37        menuItem.addActionListener(this);
38        popupMenu.add(menuItem);
39        add(popupMenu);                   // 메인 프레임에 팝업 메뉴를 첨가한다.
40
41        addMouseListener(this);
42        setBounds(100,100,200,200);
43        setVisible(true);
44      }
```

```
45
△46    public void mouseClicked(MouseEvent e){
47        // 마우스가 클릭하면 팝업 메뉴를 보여 준다.
48        popupMenu.show(this, e.getX(), e.getY());
49    }
50
△51    public void mouseEntered(MouseEvent e){
52    }
53
△54    public void mouseExited(MouseEvent e){
55    }
56
△57    public void mousePressed(MouseEvent e){
58    }
59
△60    public void mouseReleased(MouseEvent e){
61    }
62 }
63
64 public class PopupMenuExam{
65    public static void main(String[] args){
66        MainFrame mainFrame = new MainFrame("Popup Menu Exam");
67    }
68 }
69
```

위의 프로그램을 실행하면 아래와 같은 결과를 볼 수 있을 것이다. 각 메뉴 아이템이 선택되면 처리해야할 일은 public void actionPerformed(ActionEvent e)에서 처리해주면 된다. 메뉴 아이템이 눌러지면 메뉴 아이템의 텍스트가 출력된다.

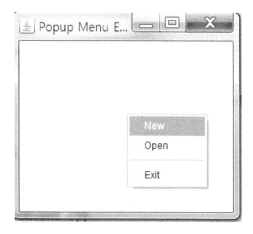

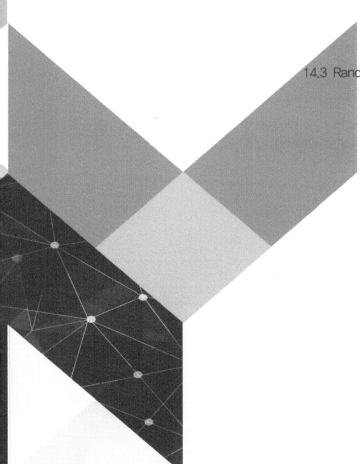

:: Chapter **14**

파일과 입출력 스트림

14.1 소개

대부분의 응용 프로그램은 파일을 다룬다. 응용 프로그램이 데이터를 가공한 결과는 메모리에 존재한다. 메모리는 휘발성 저장 장치라서, 전원이 나가면 저장된 데이터도 사라진다. 그러므로 우리는 데이터를 비휘발성 저장 장치에 저장을 할 필요성이 있다. 대표적인 비휘발성 저장 장치로는 하드 디스크가 있다.

운영체제는 하드 디스크를 파일 단위로 다룬다. 저장해야 할 정보를 파일의 형태로 관리한다. 그러므로 대부분의 프로그래밍 언어에서는 프로그램에서의 정보를 파일에 저장할 수 있는 방법을 제공한다.

14.2 File 클래스

자바에서는 파일을 다루는데 있어서 두 가지의 관점이 있다. 첫째는 파일 자체를 관리할 것이고 둘째는 파일의 내용을 관리하는 것이다.

첫째, 파일 자체를 관리한다는 말은 파일의 생성, 삭제, 이름 바꾸기, 속성 알아내기, 속성 바꾸기, 파일 크기 알아내기 등의 작업을 말한다. 둘째, 파일의 내용을 관리한다는 말은 파일에서 읽기 쓰기 등을 행한다는 것을 의미한다. 자바에서는 이 둘을 완전히 구분하여 이들을 처리하는 클래스를 따로 두고 있다. 첫 번째의 경우는 java.io.File에서 담당한다. 두 번째의 경우는 스트림 클래스에서 담당한다.

우선 첫 번째 java.io.File부터 살펴보자.

[표 14.1] java.io.File의 생성자와 메소드

java.io.File의 주요 생성자	
File(String pathname)	주어진 경로를 이름으로 하는 새로운 파일 객체를 생성
File(String parent, String child)	주어진 parent 기본 경로와 child 기본 이름을 가지는 새로운 파일 객체를 생성

[표 14.1] java.io.File의 생성자와 메소드 (계속)

java.io.File의 주요 메소드	
boolean canRead(), boolean canWrite()	주어진 파일이 읽기나 쓰기가 가능한지를 알아낸다.
boolean createNewFile()	파일이 존재하지 않으면 비어있는 새로운 파일을 생성한다.
boolean delete()	파일이나 디렉토리를 삭제한다.
boolean exists()	파일이 존재하는지를 테스트한다.
String getName()	파일이나 디렉토리의 이름을 스트링 형태로 추출한다.
String getPath()	경로명을 스트링형태로 추출한다.
boolean isFile(), boolean isDirectory()	현재의 파일객체가 가리키는 것이 파일인지 디렉토리인지 조사한다.
boolean isHidden()	파일의 속성이 Hidden인지를 조사한다.
long lastModified()	파일이 마지막으로 수정된 시간을 추출한다.
long length()	파일의 크기를 알아낸다.
boolean mkdir(), boolean mkdirs()	File 객체의 이름을 가진 디렉토리를 만든다. mkdirs 메소드의 경우는 상위 디렉토리가 없다면 모두 생성한다.
boolean setReadOnly()	File 객체(일반 파일 혹은 디렉토리)를 읽기 전용으로 만든다.

다음의 예제는 createNewFile 메소드를 이용하여 파일을 생성하는 예이다.

```java
import java.io.*;

public class CreateFile{
    public static void main(String args[]){

        try{
            boolean result = false;
            File file = new File(args[0]);
            result = file.createNewFile();

            if(result == true)
            System.out.println("파일 생성에 성공했습니다.");
            else
            System.out.println("파일 생성에 실패하였습니다.");
```

```
16          System.out.println(file.getPath());
17          System.out.println(file.getAbsolutePath());
18
19          }catch(IOException e){
20          System.out.println("파일 생성시에 예외가 발생하였습니다.");
21      }
22    }
23 }
24
```

실행을 위해서는 패키지 탐색기에서 파일을 선택하고 오른쪽 마우스 버튼을 누르면 팝업창이 표시된다. 팝업 창에서 Run-As를 선택하고 Run Configuration 항목을 선택한다.

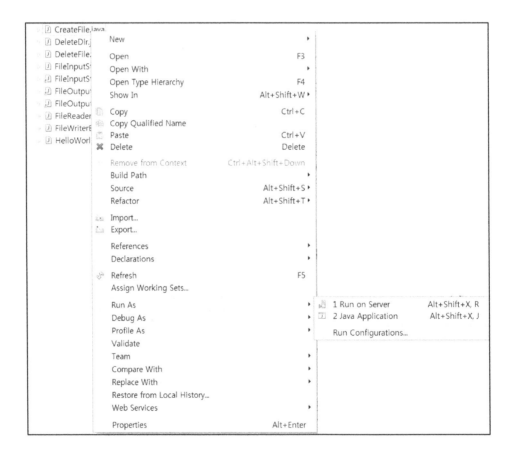

선택하면 다음과 같은 화면이 표시된다.

위 화면에서 위에 탭 부분에서 Arguments 탭을 선택한다. 선택하고 나면 Program arguments 항목에 자신이 만들고 싶은 파일명을 기입하면 된다. 여기서는 File1.txt 파일명을 기입했다. 그리고 나서 Run 버튼을 클릭하여 실행하면 된다. 명령행 인자로 파일 이름을 기입하여 프로그램을 실행시키는 방법이다.

파일 실행 결과는 다음과 같이 나타난다.

다음의 예제는 명령행 인자로 파일 이름을 넣어주면 해당 파일을 삭제하는 예이다. 실행
방법은 위와 같이 하면 된다.

```java
[J] DeleteFile.java ⊠
 1  import java.io.*;
 2
 3  public class DeleteFile{
 4      public static void main(String args[]){
 5
 6          File file = new File(args[0]);
 7          boolean result = false;
 8
 9          result = file.delete();
10
11          if(result == true)
12              System.out.println("성공적으로 파일을 삭제하였습니다.");
13          else
14              System.out.println("파일삭제에 실패하였습니다.");
15      }
16  }
17
```

다음은 디렉토리를 생성하는 예제이다. 명령행 파라메터의 인자로 디렉토리의 이름을 넘기면 해당 디렉토리를 생성한다.

```java
[J] CreateDir.java ⊠
 1  import java.io.*;
 2
 3  public class CreateDir{
 4      public static void main(String args[]){
 5
 6          boolean result = false;
 7          File file = new File(args[0]);
 8          result = file.mkdir();
 9
10          if(result == true)
11              System.out.println("디렉토리를 성공적으로 생성하였습니다.");
12          else
13              System.out.println("디렉토리 생성에 실패하였습니다.");
14      }
15  }
```

파일 클래스로 디렉토리를 다룰 수 있다는 것이 약간 이상하게 보일지 모른다. 파일과 디렉토리는 서로 다른 것 같지만 실은 그렇지 않다. 디렉토리도 일종의 파일이다. 단지 디렉토리는 파일의 목록이나 디렉토리 목록을 가지고 있는 파일이다. 그러므로 파일 클래스에서 디렉토리도 다룰 수 있는 것이 맞다.

다음의 예제는 명령행 파라메터의 인자로 넘어온 디렉토리를 삭제한다.

```java
DeleteDir.java ☒
 1  import java.io.*;
 2
 3  public class DeleteDir{
 4      public static void main(String args[]){
 5
 6          boolean result = false;
 7          File file = new File(args[0]);
 8          result = file.delete();
 9
10          if(result == true)
11              System.out.println("디렉토리를 성공적으로 삭제하였습니다.");
12          else
13              System.out.println("디렉토리 삭제에 실패하였습니다.");
14      }
15  }
```

위의 예제에서 보듯이 File 클래스로 할 수 있는 것은 파일이나 디렉토리의 관리일 뿐 파일의 내용을 다루는 어떠한 능력도 없다. 파일에 읽고 쓰고의 작업을 하려면 File 클래스를 쓰면 안 된다. 파일에 입출력을 하기 위해서는 랜덤 액세스 파일 클래스나 아니면 스트림을 사용하여야 한다.

14.3 RandomAccessFile 클래스

자바에서 저수준적인 파일 입출력을 행하도록 지원해주는 클래스가 Random Access File 이다. 저수준적이라는 의미는 파일 자체를 하나의 바이트 배열로 보고 프로그래머가 파일 포인터의 위치를 옮겨가면서 읽거나 쓰기 작업을 할 수 있다. 이때 파일의 입출력을 행해야 할 위치를 가리키는 대상체를 파일 포인터라 한다. 랜덤 엑세스 파일에서 랜덤의 의미는 이 파일포인터의 위치를 원하는 만큼 앞, 뒤로 이동시킬 수 있기 때문이다.

RandomAccessFile은 프로그래머가 파일을 바이트 단위로 조작을 할 수 있지만, 파일의 구조를 완전히 알고서야 자료의 입출력을 행할 수 있으며 기본형이 주로 사용되므로 다루기 힘들다. 그리고 파일에 대한 잘못된 접근은 전적으로 프로그래머의 책임이다. Random-AccessFile에서 데이터를 읽거나 쓸 때는 read, write 메소드를 사용하는데, 읽기나 쓰기를 행하면 파일 포인터는 자동으로 다음 위치로 이동한다.

[표 14.2] java.io.RandomeAccessFile의 생성자와 메소드

java.io.RandomAccessFile의 주요 생성자	
RandomAccessFile (File file, String mode)	주어진 파일 객체로부터 읽거나 쓰는 작업을 위한 RandomAccessFile 객체를 생성한다. 모드는 "r" (읽기), "rw"(읽기/쓰기)를 사용할 수 있다.
RandomAccessFile (String name, String mode)	주어진 파일 이름로부터 읽거나 쓰는 작업을 위한 RandomAccessFile 객체를 생성한다. 모드는 "r" (읽기), "rw"(읽기/쓰기)를 사용할 수 있다.

java.io.RandomAccessFile의 주요 메소드	
void close()	파일을 닫고 관계된 모든 자원을 해제한다.
long getFilePointer()	파일 포인터의 위치를 구한다.
long length()	파일의 크기를 구한다.
int read()	파일에서 한 바이트의 데이터를 읽어 들인다.
int read(byte[] b), int read(byte[] b, int off, int len)	파일에서 바이트 데이터를 읽어 들인다. 실제로 읽은 바이트 수를 반환값으로 돌려준다.
boolean readBoolean(), byte readByte(), char readChar(), short readShort(), int readInt(), long readLong(), double readDouble(), float readFloat()	해당되는 형의 데이터를 읽는다.
String readLine()	한 라인을 읽어 들인다.
void seek(long pos)	파일 포인터를 해당 위치로 옮긴다.

[표 14.2] java.io.RandomeAccessFile의 생성자와 메소드 (계속)

java.io.RandomAccessFile의 주요 메소드	
void write(int b)	주어진 값을 파일에 쓴다.
void write(byte[] b), void write(byte[] b, int off, int len)	주어진 배열을 파일에 쓴다.
void writeBoolean(boolean v), void writeChar(int v), void writeShort(int v), void writeInt(int v), void writeLong(long v), void writeFloat(float v), void writeDouble(double v)	해당되는 형의 데이터를 파일에 쓴다.

다음의 예제는 RandomAccessFile 객체를 이용하여 파일에 데이터를 쓰고 이를 다시 읽어서 화면에 출력하는 예이다.

```java
import java.io.*;

public class RandomAccessFileExam{
    public static void main(String[] args) throws FileNotFoundException, IOException{
        RandomAccessFile randomAccessFile =
            new RandomAccessFile("exraf.txt","rw");

        for(int i=0;i < 10;i++){
            randomAccessFile.write(i);
        }

        for(int i=9;i >=0;i--){
            randomAccessFile.seek(i);
            System.out.println(randomAccessFile.read());
        }

        randomAccessFile.close();
    }
}
```

```
Console ⊠
<terminated> RandomAccessFileExam [Java Application] C:\Program Files\Java\jre1.8.0_101\bin\javaw.exe (2016. 9. 14. 오
7
6
5
4
3
2
1
0
```

다음의 예는 RandomAccessFile 객체를 이용하여 파일을 복사하는 예제이다. Run-As를 선택하고 Run Configuration 항목을 선택하여 Arguments 탭을 선택하고 Program arguments 항목에 자신이 만들고 싶은 파일명을 기입하면 된다. 여기서는 File1.txt과 File2.txt를 사용하였다. 그리고 나서 Run 버튼을 클릭하여 실행하면 된다. 명령행 인자로 파일 이름을 기입하여 프로그램을 실행시키는 방법이다.

```java
CopyFile.java ⊠
1  import java.io.*;
2
3  public class CopyFile{
4      public static void main(String[] args){
5          RandomAccessFile sourceFile = null;
6          RandomAccessFile destinationFile = null;
7          long fileLength = 0;
8          int data = 0;
9
10         if(args.length != 2){
11             System.out.println("Usage : java CopyFile <src file> <dest file>");
12             System.exit(0);
13         }
14
15         try{
16             sourceFile = new RandomAccessFile(args[0],"r");
17             destinationFile = new RandomAccessFile(args[1],"rw");
18
19             fileLength = sourceFile.length();
20
21             for(long i=0;i < fileLength;i++){
22             data = sourceFile.readByte();
23             destinationFile.writeByte(data);
24             }
25
26             sourceFile.close();
27             destinationFile.close();
28         }catch(FileNotFoundException e){
29                 System.out.println("해당 파일이 존재하지 않습니다.");
30         }catch(IOException e){
31                 System.out.println("화일 입출력에 실패하였습니다.");
32         }
33     }
34 }
35
```

🌱 14.4 스트림

대부분의 응용 프로그램은 외부에서 데이터를 입력 받고 이를 가공한 결과를 외부로 출력한다.

[그림 14.1] 응용 프로그램과 데이터의 입출력

자바에서는 데이터의 입출력을 위해서 스트림을 사용한다. 스트림은 프로그램에서 출력되거나 입력되는 일련의 데이터 흐름을 추상화한 것이다. 스트림을 통하여 입출력을 행하면 입출력장치가 무엇이든 신경쓰지 않고 프로그래밍을 할 수 있다. 왜냐하면 우리가 입출력장치를 직접적으로 제어하는 것이 아니고 이들 장치에 연결된 추상화된 데이터 흐름을 제어하기 때문이다. 입력 데이터는 키보드에서 나올 수도 있고 하드 디스크와 같은 저장 장치나 네트워크 혹은 다른 프로그램에서 나올 수도 있다. 또한 출력 데이터는 화면이나 프린터, 네트워크 혹은 다른 프로그램으로 흘러갈 수도 있다.

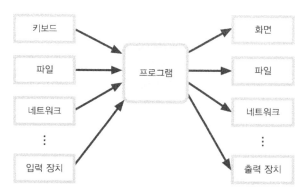

[그림 14.2] 데이터 입출력 장치와 프로그램

스트림은 출발지와 목적지가 있다. 자바에서는 이러한 출발지와 목적지에 따라서 2가지 형태의 스트림으로 하고 있다. 즉 데이터 저장소를 출발지로 하여 프로그램으로 흘러 들어오는 입력 스트림과 프로그램을 출발지로 하여 데이터 저장소로 흘러나가는 출력 스트림이 있다.

[그림 14.3] 데이터 저장소, 프로그램 그리고 입출력 스트림

그리고 스트림에서 흐르는 데이터를 어떻게 다루느냐에 따라서 2가지로 나누어질 수 있다. 즉 바이트의 열로 보는 바이트 스트림 그리고 문자의 열로 보는 문자 스트림이 있다.

[그림 14.4] 바이트 스트림과 문자 스트림

이를 조합하면 크게 4가지 형태의 스트림으로 구분 지을 수 있다.

- 바이트 입력 스트림

- 바이트 출력 스트림

- 문자 입력 스트림

- 문자 출력 스트림

자바에서는 위의 4종류의 스트림을 java.io 패키지에 담아두었다. java.io 패키지를 보면 많은 스트림 이름들 때문에 어떤 스트림이 어디에 해당하는지 구분이 어려울 것이다. 보통 바이트 입력 스트림 계열들은 InputStream이라는 이름으로 끝난다. 바이트 출력 스트림 계열들은 OutputStream이라는 이름으로 끝난다. 바이트 스트림은 Stream이라는 이름으로 끝난다. 문자 입력 스트림 계열들은 Reader라는 이름으로 끝난다, 문자 출력 스트림 계열들은 Writer라는 이름으로 끝난다.

바이트 입력 스트림의 기본 클래스는 InputStream이고 바이트 출력 스트림의 기본 클래스는 OutputStream이다. 문자 입력 스트림의 기본 클래스는 Reader이고 문자 출력 스트림의 기본 클래스는 Writer이다. 이들은 추상 클래스로서 각각의 영역에 필요한 기본 메소드들을 가지고 있다. 이들에서 상속받은 실제 스트림 클래스들의 종류는 아주 많지만 많이 사용되어지는 클래스를 분류하면 다음과 같다.

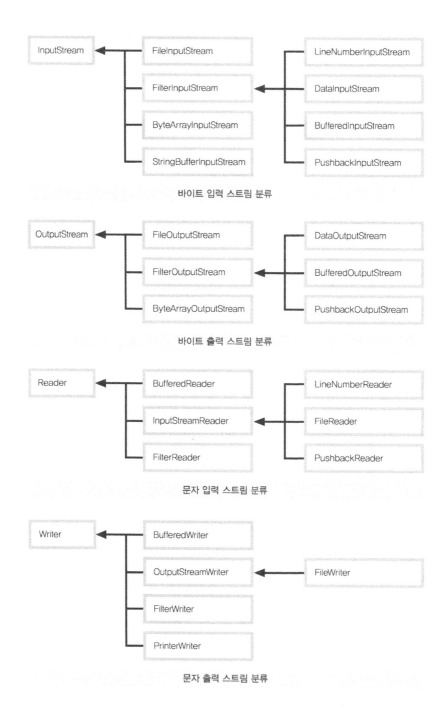

바이트 입력 스트림 분류

바이트 출력 스트림 분류

문자 입력 스트림 분류

문자 출력 스트림 분류

[그림 14.5] 입출력 스트림 클래스

14.4.1 바이트 입출력 스트림

바이트 입출력의 기본 클래스인 java.io.InputStream과 java.io.OutputStream에 대하여 알아보자. 이들은 추상 클래스이므로 객체를 생성하지는 못하고 다른 파생 클래스의 기본 클래스로 존재한다. java.io.InputStream은 read() 메소드가 추상 메소드이고, java.io. OutputStream은 write() 메소드가 추상 메소드이다.

[표 14.3] java.io.InputStream의 생성자와 메소드

java.io.InputStream의 중요 메소드	
void close()	해당 입력 스트림을 닫고, 이와 관련된 모든 자원을 해제한다.
abstract int read()	입력 스트림으로부터 다음번 바이트를 읽는다. 끝을 만나면 -1을 반환한다. 주의할 점은 읽은 데이터를 int형으로 반환하므로 사용하기 전에 원하는 형으로 캐스팅이 필요하다.
int read(byte[] b), int read(byte[] b, int off, int len)	파일에서 바이트 데이터를 읽어 들인다. 실제로 읽은 바이트 수를 반환값으로 돌려준다.
long skip(long n)	스트림에서 데이터를 읽지 않고 n개 만큼 건너뛰는 작용을 한다.

java.io.OutputStream의 중요 메소드	
void close()	해당 출력 스트림을 닫고, 이와 관련된 모든 자원을 해제한다.
abstract void write(int b)	출력 스트림에 하나의 바이트 데이터를 출력한다.
void write(byte[] b), void write(byte[] b, int off, int len)	바이트 배열을 출력한다. 바이트 배열에서 출력할 위치와 길이를 지정할 수 있다.
void flush()	입출력의 효율을 높이기 위하여 버퍼를 사용한다. 버퍼는 어느 정도 차기를 기다렸다가 출력이 일어나는데, flush는 버퍼의 내용을 강제로 파일로 출력시키는 작용을 한다.

스트림의 종류가 너무 다양하니 이중에서 몇 개의 사용법을 소개하겠다. 나머지의 사용법도 비슷하다. 이제까지는 화면에다 출력을 하였지만 여기서는 파일에 출력을 하도록 하겠다. 우선 HelloWorld.txt 파일을 생성하고 그곳에 "Hello World"를 출력하려고 한다. 이때 어떠한 스트림이 필요할까? 우선 출력하는 스트림이 필요하다. 그리고 출력하려는 대상체를 어떻게 볼 것인가 하는 것인데, 바이트의 열로 하겠다. 그럼 접미사는 OutputStream이 된다. 그리고 출력 대상체는 파일이다. 이러한 정보를 가지고 java.io 패키지를 찾아보면 FileOutputStream을 발견할 수 있다.

[표 14.4] java.io.FileOutputStream의 생성자와 메소드

java.io.FileOutputStream 주요 생성자	
public FileOutputStream(File file)	해당 파일 객체가 가리키는 파일에 대한 출력 스트림 생성. 이에 대한 출력 스트림 생성에 실패할 경우 FileNotFoundException 예외를 발생시킨다.
public FileOutputStream (String filename)	파일명에 해당하는 파일 스트림을 생성한다. 만약 해당하는 파일이 없으면 파일을 생성한다. 파일 생성에 실패할 경우 FileNot-FoundException 예외를 발생시킨다.

java.io.FileOutputStream 주요 메소드	
void write(byte[] b)	출력 스트림에 바이트 배열을 출력한다.
void write(byte[],int off, int len)	출력 스트림에 바이트 배열의 일정 부분을 출력한다.
void write(int b)	출력 스트림에 하나의 바이트를 출력한다.
void flush()	버퍼의 내용을 강제로 파일로 출력한다.

```java
FileOutputStreamExam.java ✕
 1  import java.io.*;
 2
 3  public class FileOutputStreamExam{
 4      public static void main(String[] args){
 5          byte[] helloMsg = {'H','e','l','l','o',' ','W','o','r','l','d'};
 6
 7          try{
 8              FileOutputStream os = new FileOutputStream("HelloWorld.txt");
 9              os.write(helloMsg);
10          }catch(FileNotFoundException e){
11              System.out.println("파일 스트림 생성에 실패하였습니다.");
12          }catch(IOException e){
13                  System.out.println("파일 쓰기에 실패하였습니다.");
14          }
15      }
16  }
17
18
```

위의 예제는 FileOutputStream을 사용하여서 HelloWorld.txt라는 파일에 "Hello World"라는 문자열을 출력한다. 현재의 폴더에 Output.txt라는 파일이 있는 지 확인하고 파일을 열어 "Hello World"라는 문자열이 기록되어 있는 지 확인하기 바란다.

[표 14.5] java.io.FileInputStream의 생성자와 메소드

java.io.FileInputStream 주요 생성자	
public FileInputStream(File file)	해당 파일 객체가 가리키는 파일에 대한 입력 스트림 생성. 이에 대한 입력 스트림 생성에 실패할 경우 FileNotFoundException 예외를 발생시킨다.
public FileInputStream (String filename)	파일명에 해당하는 파일 입력 스트림을 생성한다. 만약 해당하는 파일이 없으면 FileNotFoundException 예외를 발생시킨다.

java.io.FileInputStream 주요 메소드	
void read(byte[] b)	파일에서 바이트 데이터를 읽어들인다.
void read(byte[],int off, int len)	파일에서 일정양의 바이트 데이터를 읽어들인다.
void read(int b)	파일에서 하나의 바이트 데이터를 읽어들인다.
long skip(long n)	스트림에서 데이터를 읽지 않고 n개 만큼 건너뛰는 작용을 한다.

이제 파일에서 데이터를 프로그램으로 읽어들이는 작업을 처리해 보자. 파일로 부터 데이터를 입력 받기 위해서는 FileInputStream이 필요하다. HelloWorld.txt라는 파일에서 "Hello World"라는 문자열을 읽어서 화면에 출력한다.

```
FileInputStreamExam.java ⊠
 1
 2  import java.io.*;
 3
 4  public class FileInputStreamExam{
 5      public static void main(String[] args){
 6
 7          FileInputStream fileInputStream;
 8
 9              try{
10                  fileInputStream = new FileInputStream("HelloWorld.txt");
11
12              while(true){
13                  int i = fileInputStream.read();
14
15                  if(i== -1)
16                      break;
17
18                  char c = (char)i;
19                  System.out.print(c);
20                  }
21          }catch(FileNotFoundException e){
22                  System.out.println("입력 스트림 생성에 실패했습니다.");
23          }catch(IOException e){
24                  System.out.println("읽기 작업에 실패했습니다.");
25          }
26      }
27  }
28
29
30
```

```
<terminated> FileInputStreamExam [Java Application] C:\Program Files\Java\jre1.8.0_111\
Hello World
```

아래의 결과는 만약 HelloWorld.txt라는 파일이 존재하지 않을 때 실행 결과이다.

```
Console ⊠
<terminated> FileInputStreamExam [Java Application] C:\Program Files\Java\jre1.8.0_101\bin\javaw.exe (2016. 9. 14
입력 스트림 생성에 실패했습니다.
```

위의 예제는 FileInputStream의 객체를 이용하여 입력을 받아들이고 이를 화면에 출력하고 있는 예제이다. 이렇게 파일에 대한 입출력을 행하기 위해서는 FileInputStream과 FileOutputStream을 사용하여야 한다.

다음은 FileInputStream과 FileOutputStream을 이용하여서 Copy하는 프로그램을 작성해 보도록 하겠다.

```java
import java.io.*;

public class Copy{
    public static void main(String[] args) throws FileNotFoundException, IOExcept
        FileInputStream fileInputStream;
        FileOutputStream fileOutputStream;
        int nData = 0;

        if(args.length != 2){
            System.out.println("Usage : java Copy <source> < destination>");
            System.exit(1);
        }

        fileInputStream = new FileInputStream(args[0]);
        fileOutputStream = new FileOutputStream(args[1]);

        while((nData = fileInputStream.read()) != -1){
            fileOutputStream.write(nData);
        }

        fileInputStream.close();
        fileOutputStream.close();
    }
}
```

우선 자바에서의 파일 입출력을 간단히 알아보았다. 잠시 표준 입출력에 대해 알아보고 다시 파일에 대해 다루도록 하겠다. 이제까지 화면에 출력하고, 키보드로부터 입력을 받아들이기 위해서 System.out 과 System.in을 사용하였다. 이것은 스트림 객체이다. Java 프로그램이 수행되면 Java VM은 표준 입출력을 연다. 보통 키보드가 표준 입력이 되고 화면이 표준 출력이다. System.out은 화면에 대한 스트림 객체이고 System.in은 키보드에 대한 스트림 객체이다. System 클래스의 out은 PrintStream 타입의 멤버 필드이고, in은 InputStream 타입의 멤버 필드이다. 이름이 Stream으로 끝났으므로 이들은 바이트 스트림이다.

[표 14.6] java.io.PrintStream의 주요 생성자와 메소드

java.io.PrintStream 주요 생성자	
public PrintStream(File file)	해당 파일 객체가 가리키는 파일에 대한 출력 스트림 생성. 이에 대한 출력 스트림 생성에 실패할 경우 FileNotFoundException 예외를 발생시킨다.
public PrintStream(String filename)	파일명에 해당하는 파일 스트림을 생성. 만약 해당하는 파일이 없으면 파일을 생성한다. 파일 생성에 실패할 경우 FileNotFoundException 예외를 발생시킨다.

java.io.PrintStream 주요 메소드	
void print(Object obj), void print(char c), void print(int i), void print(long l), void print(float f), void print(double d), void print(boolean b), void print(String s)	자바에서 지원하는 여러가지 타입을 출력하는 메소드 (오버로딩되어 있음)
void println(Object obj), void println(char c), void println(int i), void println(long l), void println(float f), void println(double d), void println(boolean b), void println(String s)	자바에서 지원하는 여러가지 타입을 한 줄에 출력하고 줄바꿈을 하는 메소드 (오버로딩되어 있음)

이제까지 화면에 출력한다든지 혹은 키보드에서 입력을 받는다든지 하는 작업은 많이 하였다. 여기서는 간단히 예를 들도록 하겠다.

```
PrintStreamExam.java ☒
 1  import java.io.*;
 2
 3  public class PrintStreamExam{
 4      public static void main(String[] args){
 5
 6          PrintStream printStream = System.out;
 7          printStream.println('A');
 8          printStream.println(5);
 9          printStream.println(3.14);
10          printStream.println(true);
11          printStream.println("Hello World!");
12      }
13  }
14
```

위의 예제에서 보듯이 System.out은 PrintStream 타입이고 이의 멤버 메소드 중 하나인 print나 println은 여러가지 형에 대하여 자유자재로 동작한다. 이것은 print() 메소드와 println() 메소드를 오버라이딩을 통하여 구현하였기 때문이다.

이제 표준 입력(키보드)에서 데이터를 입력받아서 파일에 쓰는 작업을 하여보자. 그리고 파일로부터 이 데이터를 읽어서 다시 표준 출력(화면)으로 출력하는 작업을 처리하는 프로그램을 작성하여보자.

다음은 키보드에서 데이터를 입력받아서 output.txt 파일에 출력하는 프로그램이다.

```
FileOutputStreamExam1.java ☒
 1  import java.io.*;
 2
 3  public class FileOutputStreamExam1{
 4      public static void main(String[] args){
 5
 6          int ch = 0;
 7          try{
 8              FileOutputStream fos = new FileOutputStream("output.dat");
 9
10              while((ch = System.in.read()) != -1){
11              fos.write(ch);
12              }
13          }catch(FileNotFoundException e){
14            System.out.println("출력 스트림 생성에 실패 하였습니다.");
15          }catch(IOException e){
16            System.out.println("파일 쓰기에 실패 하였습니다.");
17          }
18      }
19  }
20
```

아래는 입력화면이다.

```
< terminated > FileOutputStreamExam1 [Java Application] C:₩Program Files₩Java₩jre1.8.0_11]
This is a Test.
이것은 테스트 입니다.
```

그리고, 아래는 파일에 저장된 모습니다.

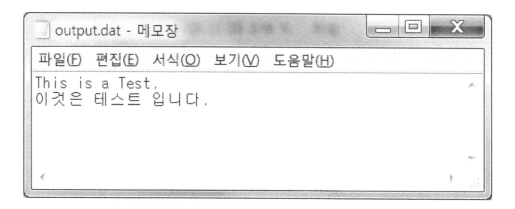

```
 output.dat - 메모장
파일(F)  편집(E)  서식(O)  보기(V)  도움말(H)
This is a Test.
이것은 테스트 입니다.
```

다음은 output.txt 파일에서 데이터를 읽어서 이를 화면에 출력하는 프로그램이다.

```java
FileInputStreamExam1.java ⌧
1  import java.io.*;
2
3  public class FileInputStreamExam1{
4      public static void main(String[] args){
5
6          int ch = 0;
7          try{
8              FileInputStream fos = new FileInputStream("output.dat");
9
10                 while((ch = fos.read()) != -1){
11                     System.out.print((char)ch);
12                 }
13         }catch(FileNotFoundException e){
14             System.out.println("입력 스트림 생성에 실패 하였습니다.");
15         }catch(IOException e){
16
17             System.out.println("파일 읽기에 실패 하였습니다.");
18         }
19     }
20 }
```

다음은 화면 출력 내용이다.

```
<terminated> FileInputStreamExam1 [Java Application] C:₩Program Files₩Java₩jre1.8.0_111'
This is a Test.
??º??º ?×½º£® ??´?´?.
```

파일 출력을 위하여 영어와 한글을 입력으로 사용하였다. 이를 파일에 출력하고 이를 다시 파일에서 읽어서 화면에 출력하면 영어는 상관없지만 한글은 모두 깨어져서 출력이 되고 있다. 이것은 영어의 경우 1바이트로 문자가 이루어져 있으므로 바이트 스트림 객체로 입출력을 하여도 상관이 없지만 한글의 경우 2바이트의 문자로 이루어져 있으므로 바이트 스트림으로 다루면 깨어진다. 이렇게 문자 기반의 입출력을 위하여서는 바이트 스트림의 객체를 사용해서는 안되고 문자 스트림인 Reader와 Writer 형태의 스트림을 사용하여야 한다.

14.4.2 문자 입출력 스트림

문자 입출력의 기본 클래스인 java.io.Reader와 java.io.Writer에 대하여 알아보자. 이들은 추상 클래스이므로 객체를 생성하지는 못하고 다른 파생 클래스의 기본 클래스로 존재한다. java.io.Reader에서는 read(char[] cbuf, int off, int len) 메소드가 추상 메소드이고, java.io.Writer에서는 write(char[] cbuf, int off, int len) 메소드가 추상 메소드이다.

[표 14.7] java.io.Reader와 Write의 주요 메소드

java.io.Reader의 주요 메소드	
void close()	해당 입력 스트림을 닫고, 이와 관련된 모든 자원을 해제한다.
int read()	입력 스트림으로부터 다음번 문자를 읽는다. 끝을 만나면 -1을 반환한다. 주의할 점은 읽은 데이터를 int형으로 반환하므로 사용하기전에 원하는 형으로 캐스팅이 필요하다.
int read(char[] cbuf), abstract int read(char[] cbuf, int off, int len)	파일에서 문자 데이터를 읽어 들인다. 실제로 읽은 문자 수를 반환 값으로 돌려준다.
long skip(long n)	스트림에서 데이터를 읽지 않고 문자를 n개 만큼 건너뛰는 작용을 한다.

java.io.Writer의 주요 메소드	
void close()	해당 출력 스트림을 닫고, 이와 관련된 모든 자원을 해제한다.
void write(int b)	출력 스트림에 하나의 문자 데이터를 출력한다.
void write(char[] cbuf), abstract void write(char[] cbuf, int off, int len)	문자 배열을 출력한다. 문자 배열에서 출력할 위치와 길이를 지정할 수 있다.
void flush()	입출력의 효율을 높이기 위하여 버퍼를 사용한다. 그래서 버퍼가 어느 정도 차기를 기다렸다가 출력이 일어나는데, 이 메소드는 버퍼에 들어있는 출력 내용을 강제로 파일로 출력시키는 작용을 한다.

다음 예제는 파일 출력을 위하여 FileWriter 클래스 객체를 사용하므로 프로그램에서 파일로 문자 형태의 스트림이 연결되었다.

```java
FileWriterExam.java ⌧

 1  import java.io.*;
 2
 3  public class FileWriterExam{
 4      public static void main(String[] args){
 5          FileWriter fileWriter;
 6          InputStreamReader inputStreamReader;
 7          int cData = 0;
 8
 9          try{
10              fileWriter = new FileWriter("output.dat");
11                  // 바이트 입력 스트림을 이용하여 문자 입력을 행하기 위해
12              // InputStreamReader 객체를 생성
13                  inputStreamReader = new InputStreamReader(System.in);
14              while((cData = inputStreamReader.read()) != -1)
15                  fileWriter.write((char)cData);
16
17          fileWriter.flush();  // 버퍼의 데이타를 파일로 강제 출력
18
19          }catch(FileNotFoundException e){
20              System.out.println("파일 출력 스트림 생성에 실패하였습니다.");
21          }catch(IOException e){
22                  e.printStackTrace();
23          }
24      }
25  }
26
```

```
<terminated> FileWriterExam [Java Application] C:₩Program Files₩Java₩jre1
This is a test.
이것은 테스입니다.
```

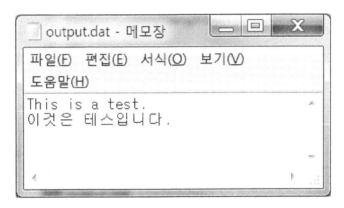

하지만 표준 입력 장치(키보드)에서 받아들이는 스트림은 바이트 스트림이다. 우리는 입력을 문자 스트림을 통하여 받아들여야만 한다. 그래야 문자가 깨어지지 않고 입력받을 수 있다. 바이트 형태의 입력 스트림을 문자 형태의 입력 스트림으로 변환해주는 것이 InputStreamReader이다. 이를 사용하면 키보드에서 문자 형태의 데이터를 입력 받을수 있다. InputStreamReader의 주요 생성자와 메소드는 다음과 같다.

[표 14.8] java.io.InputStreamReader의 주요 생성자와 메소드

java.io.InputStreamReader의 주요 생성자	
InputStreamReader(InputStream in)	해당 입력 스트림을 이용하는 InputStreamReader 객체를 생성한다.
InputStreamReader(InputStream in, Charset cs)	해당 입력 스트림을 이용하는 InputStreamReader 객체를 생성한다.

java.io.InputStreamReader의 주요 메소드	
String getEncoding()	현재 이 객체에서 사용하는 문자 인코딩 방식을 구한다.
int read()	한 문자를 읽어 들인다.
int read(char[] cbuf, int offset, int len)	일정양의 문자를 배열 형태로 읽는다.

InputStreamReader의 생성자를 보면 바이트 형태의 스트림 객체를 받아들이게 되어있다. 바이트 형태의 스트림 객체가 실질적인 읽기 작업을 행하는 스트림이고 이를 받아서 InputStreamReader 객체가 문자 형태로 처리하는 작용을 한다.

위의 예를 보면 FileWriter의 객체를 이용하여 파일에 문자 데이터를 출력하였다. 출력을 끝낸 후 flush() 메소드를 사용하였다. 파일에 대한 출력을 행할 때는 파일에 대한 출력을 끝마치고 flush() 메소드를 호출하도록 하라. 왜냐하면 파일에 대한 입출력을 행할 때 입출력의 효율을 높이기 위해 버퍼를 사용한다. 파일의 입출력은 프로그램의 수행에 비하여 아주 느리다. 이러한 속도차이를 줄이기 위해 버퍼를 사용한다.

파일의 입출력에서 read()나 write() 메소드는 실제로는 파일을 대상으로 읽고 쓰는 것이 아니라, 버퍼를 대상으로 읽고 쓰는 작업을 행한다. 위의 프로그램에서 write()메소드는 해당 데이터를 출력 버퍼에 출력을 하였을 뿐이지 아직 실제 파일에 내용을 출력한 것은 아니다. 그러므로 버퍼의 내용이 파일로 쓰여야 한다. 프로그램에서 출력 버퍼로 쓰는 것은 여러 번 일어나도 출력 버퍼에서 파일로는 한 번에 일정양의 데이터를 묶어서 처리한다. 버퍼의 내용이 파일로 쓰이는 경우는 크게 두 가지이다. 첫째는 버퍼가 가득 차게 되면 자동으로 버퍼의 내용을 파일로 쓰고 버퍼를 비운다. 둘째는 프로그램에서 명시적으로 flush() 메소드가 호출될 때이다.

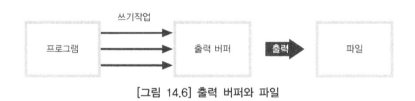

[그림 14.6] 출력 버퍼와 파일

이제 파일에서 읽어들이는 작업을 하여 보자. 파일에서 문자 형태의 입력을 행하기 위해서는 FileReader 클래스가 필요하다. FileReader 클래스의 주요 생성자와 메소드는 다음 표와 같다.

[표 14.9] java.io.FileReader의 주요 생성자와 메소드

java.io.FileReader의 주요 생성자	
FileReader(File file)	해당 파일 객체를 읽기 위한 FileReader 객체를 생성한다.
FileReader(String fileName)	해당 파일 이름의 파일을 읽기 위한 FileReader 객체를 생성한다.

java.io.FileReader의 주요 메소드	
int read()	파일로 부터 한 문자를 읽는다.
int read(char[] cbuf, int offset, int len)	파일로 부터 일정양의 문자들을 읽는다. 반환값은 읽은 문자의 개수를 되돌린다.

다음 예제는 파일로부터 데이터를 읽어들여 화면에 출력을 위하여 FileReader 클래스 객체를 사용하므로 입력되는 문자가 영문자나 한글이 모두 입력되어 정상적으로 출력되었다.

```java
import java.io.*;

public class FileReaderExam{
    public static void main(String[] args){

        FileReader fileReader;
        try{
            fileReader = new FileReader("output.dat");

            while(true){
            int i = fileReader.read();

            if(i == -1)
                break;

            char c = (char)i;
            System.out.print(c);
            }
        }catch(FileNotFoundException e){
            System.out.println("파일 입력 스트림 생성에 실패하였습니다.");
        }catch(IOException e){
            e.printStackTrace();
        }
    }
}
```

```
<terminated> FileReaderExam [Java Application] C:₩Program Files₩Java₩jre
This is a test.
이것은 테스입니다.
```

스트림의 입출력 여부와 다루는 데이터에 따라서 알맞은 해당 스트림을 선택하여서 사용하면 된다. 이외에도 자바에서는 입출력을 효율적으로 지원하는 다양한 형태의 스트림 클래스를 제공하고 있다. 하지만 자바 입출력에서 가장 큰 장점 중 하나는 제공되어진 스트림 클래스들을 조합하여서 새로운 작용을 하는 스트림을 만들어 낼 수 있다는 것이다. 이러한 형태의 스트림 클래스를 필터 스트림 클래스라고 한다.

14.4.3 필터 스트림

필터 스트림 클래스는 입출력하는 데이터의 형태를 변형시키거나 혹은 추가의 기능을 제공하는 스트림 클래스이다. 예를 들면 기존의 파일 출력 스트림인 FileOutputStream의 입출력 효율을 높이기 위하여 버퍼가 장착된 파일 출력 스트림이 필요하다. 이러한 경우 java.io 패키지에 BufferedFileOutputStream이 존재해 주면 좋겠지만 이러한 스트림 클래스는 자바에서 제공되지 않는다. 하지만 FileOutputStream 클래스에 적당한 필터 클래스를 연결하면 이러한 작업을 처리하는 출력 스트림을 만들 수 있다.

java.io패키지에 BufferedOutputStream이라는 필터 스트림이 있는데, 이 스트림을 연결시켜 주면 버퍼가 장착된 파일 출력 스트림을 만들어 낼 수 있다. 사실 파일의 입출력에서 사용하는 클래스들은 기본적으로 버퍼를 장착하고 있다. 하지만 버퍼의 크기를 조절한다든지 할 수는 없다. 그러나, BufferedOutputStream과 같은 클래스를 이용하면 버퍼를 다양하게 조작하는 것도 가능하다.

스트림이 입출력을 담당하느냐 혹은 입출력된 데이터를 처리하는 용도로만 쓰이느냐에 따라서 두 가지로 나눌 수 있다. 기본적으로 데이터의 입출력을 담당하면서 단지 입력 소스에서 데이터를 가져오거나 또는 목적지까지 데이터를 전달하는 역할을 하는 스트림을 데이터 싱크 스트림이라 하고 저수준의 스트림에 해당한다. 하지만 고수준의 스트림은 데이터 처리 스트림이라고도 하는데 이는 자체적으로 데이터의 입출력을 담당하지는 않지만 버퍼를 이용하여 입출력의 속도를 증가하거나 혹은 캐릭터(2 바이트 문자) 인코딩/디코딩을 자동으로 해주기도 한다. 그러므로 프로그램에서 저수준의 스트림을 고수준의 스트림으로 감싸서 많이 사용한다.

필터 스트림은 실제 입출력을 담당하지는 않는다. 실제 데이터를 입출력하는 보다 저수준의 스트림이 존재하고 이것을 이용하여 데이터를 처리하는 역할을 한다. 그러므로 생성자 부분에서 실제 데이터를 입출력하는 스트림을 넘겨준다. 이렇게 스트림을 연결하여서 새로운 스트림을 생성해낼 수 있는데, 주의할 점은 우선 스트림을 감쌀 때 기능이 겹치는 것을 없도록 하는 것이다. 같은 기능을 가진 스트림을 겹치면 성능이 떨어지기 때문이다. 예를 들면 BufferedInputStream을 FilterInputStream으로 감싸는 것은 피해야 한다. 그리고 고수준의 스트림이나 포맷화된 입출력을 수행하는 스트림이 좀 더 저수준의 스트림을 감싸는 것이 좋다. 그렇지 않으면 기능을 충분히 활용치 못하거나 속도가 저하되는 상황이 발생하기 때문이다. 예를 들면, PrintWriter를 FilterWriter로 감싸면 PrintWriter의 기능을 모두 사용할 수 없게 된다.

필터 스트림은 스트림의 종류에 따라서 여러 가지가 존재하지만 사용법은 다들 비슷하다. 자세한 사항에 대하여서는 FilterInputStream, FilterOutputStream, FilterReader, Filter- Writer의 자손에 대하여 살펴보기를 바란다. 여기서는 BufferedOutputStream 클래스와 BufferedReader 클래스를 살펴보겠다.

[표 14.10] java.io.BufferedOutputStream의 주요 생성자와 메소드

java.io.BufferedOutputStream 주요 생성자	
public BufferedOutputStream (OutputStream out)	버퍼화된 출력 스트림을 생성한다. 버퍼 크기는 512 바이트가 기본 사이즈이다.
public BufferedOutputStream (OutputStream out,int size)	버퍼화된 출력 스트림을 생성한다. 버퍼 크기는 size로 설정된다.

java.io.BufferedOutputStream 주요 메소드	
public void flush()	버퍼의 내용을 출력 스트림으로 강제로 비운다.
public void write(int b)	한 바이트를 버퍼로 출력한다.

```java
BufferedOutputStreamExam.java ⊠
1  import java.io.*;
2
3  public class BufferedOutputStreamExam{
4      public static void main(String[] args) throws IOException{
5
6          // 버퍼 사이즈가 20인 BufferedOutputStream 객체를 생성
7          BufferedOutputStream bos = new BufferedOutputStream(System.out,20);
8          int data = 0;
9
10         while((data = System.in.read()) != -1)
11             bos.write(data);  // 실제 출력은 버퍼에 하고 있다.
12
13         bos.flush();  // 버퍼의 내용을 완전히 비운다.
14     }
15 }
16
```

```
BufferedOutputStreamExam [Java Application] C:₩Program Files₩Java₩jre1.8.0_111₩bin₩ja\
This is a test1. This is a test2.
This is a test1. Thi
```

위의 프로그램에서 bos.write(data);라고 하였지만 이것은 실제 System.out을 이용하여서 화면에 출력한 것이 아니고 버퍼에 임시로 쓴 것이다. 버퍼의 내용이 flush가 될 때 화면에 출력이 나타나게 된다. 버퍼가 flush되는 경우는 크게 두 가지이다. 첫째는 버퍼가 가득 차게 되었을 때이고 둘째는 사용자가 강제로 flush() 메소드를 호출해 주었을 때이다.

위의 예에서 일부 출력이 된 것은 버퍼가 가득 차게 되어서 자동으로 버퍼가 비게 된 것이다. 문자를 세어보면 20자 일 것이다. 그리고 나머지 글자들은 아직 버퍼에 담겨져 있다. 이는 사용자가 파일의 끝을 나타내는 문자 ctrl-Z를 입력하면 bos.flush()가 수행되어서 버퍼가 강제로 출력이 되면 나타난다. 이렇게 버퍼화된 입출력은 데이터를 일정양 모아서 한꺼번에 처리하므로 입출력의 속도가 향상된다. 다음으로 BufferedReader를 이용하여서 버퍼화된 입력을 처리해주는 스트림을 생성하고 사용하여 보자.

[표 14.11] java.io.BufferedReader의 주요 생성자와 메소드

java.io.BufferedReader 주요 생성자	
public BufferedReader(Reader in)	기본 크기의 입력 버퍼를 사용하는 문자 입력 스트림을 생성한다.
public BufferedReader (Reader in, int sz)	정해진 사이즈의 입력 버퍼를 사용하는 문자 입력 스트림을 생성한다.

java.io.BufferedReader 주요 메소드	
void close()	스트림을 닫는다.
void read()	하나의 문자를 읽어 들인다.
String readLine()	텍스트의 한 라인을 읽어 들인다.
long skip(long n)	해당 문자 만큼을 건너뛴다.

다음의 프로그램은 test.txt 파일을 읽어 들일 수 있는 버퍼화된 문자 입력 스트림을 생성한 후 생성된 입력 스트림을 통하여 문자를 입력받고 이를 출력하는 예이다.

```java
BufferedReaderExam.java ⌗
1  import java.io.*;
2
3  public class BufferedReaderExam{
4      public static void main(String[] args){
5          BufferedReader bufferedReader;
6          try{
7                  // 버퍼화된 문자 입력 스트림을 생성한다.
8                  bufferedReader = new BufferedReader(new FileReader("test.txt"));
9
10             while(true){
11                 // 한 문자를 읽어 들인다. 실제로는 버퍼에서 읽어 들이는 것이다.
12                 // 버퍼는 비게되면 자동으로 채워진다.
13                 int i = bufferedReader.read();
14
15                 if(i == -1) break;
16
17                 char c = (char)i;
18                 System.out.print(c);
19             }
20         }catch(IOException e){
21             e.printStackTrace();
22         }
23     }
24 }
25
```

14.4.4 StreamTokenizer 클래스

StreamTokenizer 클래스는 스트림에서 들어오는 데이터를 토큰 단위로 나누어 주는 역할을 한다. 기본적으로는 문자열 토큰과 숫자 토큰으로 분리할 수 있지만 어느 정도는 새로운 규칙을 부여할 수도 있다. StringTokenizer 클래스가 비슷한 역할을 수행한다. 차이점은 StreamTokenizer는 스트림에서 바로 파싱을 통하여 토큰을 구해내는 반면 StringTokenizer는 주어진 문자열을 토큰으로 분리한다.

[표 14.12] java.io.StreamTokenizer의 주요 생성자와 메소드

java.io.StreamTokenizer 주요 생성자	
public SreamTokenizer (Reader r)	주어진 문자 입력 스트림을 파싱하는 스트림 토크나이저를 생성한다.

java.io.StreamTokenizer 주요 필드	
double nval	만약 현재 토큰이 숫자이면, 이 필드가 해당 값을 저장하고 있다.
String sval	만약 현재 토큰이 단어이면, 이 필드가 해당 단어를 값으로 저장하고 있다.
static int TT_EOF	스트림의 끝을 나타내는 상수이다.
static int TT_EOL	라인의 끝을 나타내는 상수이다.
static int TT_NUMBER	읽혀진 토큰이 숫자임을 나타내는 상수이다.
static int TT_WORD	읽혀진 토큰이 단어임을 나타내는 상수이다.

java.io.StreamTokenizer 주요 메소드	
void commentChar(int ch)	한 줄짜리 주석의 시작 문자를 지정한다.
int lineno()	현재 줄 수를 구한다.
int nextToken()	토크나이저의 입력 스트림으로부터 다음번 토큰을 구해낸다.
void ordinaryChar(int ch), void ordinaryChar(int low, int hi)	주어진 문자, 주어진 범위의 문자들을 일반 문자로 취급한다.
void quoteChar(int ch)	주어진 문자를 인용문자로 정한다.
void whitespaceChar(int low, int hi)	주어진 범위의 문자를 공백 문자로 정한다.

```
🗾 StreamTokenizerExam.java ⊠
 1  import java.io.*;
 2
 3  public class StreamTokenizerExam{
 4      public static void main(String[] args) throws IOException{
 5          BufferedReader stdIn =
 6              new BufferedReader(new InputStreamReader(System.in));
 7          StreamTokenizer streamTokenizer = new StreamTokenizer(stdIn);
 8
 9          while(streamTokenizer.nextToken() != StreamTokenizer.TT_EOF){
10              switch(streamTokenizer.ttype){
11                  case StreamTokenizer.TT_WORD:
12                  System.out.println(streamTokenizer.sval + " : 문자 토큰");
13                  break;
14
15                  case StreamTokenizer.TT_NUMBER:
16                  System.out.println(streamTokenizer.nval + " : 숫자 토큰");
17                  break;
18              }
19          }
20      }
21  }
22
```

실행 결과는 다음과 같다.

```
StreamTokenizerExam [Java Application] C:\Program Files\Java\jre1.8.0_111\bin\javaw.ex
This is test1, test2, test3, 1234..
This : 문자 토큰
is : 문자 토큰
test1 : 문자 토큰
test2 : 문자 토큰
test3 : 문자 토큰
1234.0 : 숫자 토큰
```

박사준
- 중앙대학교 전자계산학과 졸업
- 중앙대학교 컴퓨터공학과 인공지능 석사
- 중앙대학교 컴퓨터공학과 인공지능 박사
- 현대전자 S/W 연구소
- 현재, 대구한의대학교 의료산업융합학부 스마트IT 전공 교수
- 관심분야 : 인공지능, 시멘틱 웹, 인터넷 웹, 스마트 웹

이클립스와 함께 하는 프로그래밍 기초를 쌓는 자바

1판 1쇄 인쇄 2016년 11월 25일
1판 1쇄 발행 2016년 11월 30일
저   자 박사준
발 행 인 이범만
발 행 처 **21세기사** (제406-00015호)
         경기도 파주시 산남로 72-16 (10882)
         Tel. 031-942-7861   Fax. 031-942-7864
         E-mail : 21cbook@naver.com
         Home-page : www.21cbook.co.kr
         ISBN 978-89-8468-702-8

정가 17,000원